LA DIABOLIQUE DE CALUIRE

Du même auteur

Pétrole, la 3ᵉ guerre mondiale, Calmann-Lévy, 1974.

Après Mao, les managers, Fayolle, 1977.

Bokassa 1ᵉʳ, Alain Moreau, 1977.

Les Émirs de la République, en coll. avec Jean-Pierre Séréni, Seuil, 1982.

Les Deux Bombes, Fayard, 1982, nouvelle édition, 1991.

Affaires africaines, Fayard, 1983.

V, l'affaire des « avions renifleurs », Fayard, 1984.

Secret d'État, Fayard, 1986.

Les Chapellières, récit, Albin Michel, 1987.

La Menace, Fayard, 1988.

L'Argent noir, Fayard, 1988.

L'Homme de l'ombre, Fayard, 1990.

Vol UT 772, Stock, 1992.

Le Mystérieux Docteur Martin, Fayard, 1993.

Une jeunesse française, François Mitterrand, 1934-1947, Fayard, 1994.

L'Extrémiste, François Genoud, de Hitler à Carlos, Fayard, 1996.

Vies et morts de Jean Moulin, Fayard, 1998.

En collaboration avec Christophe Nick

TF1, un pouvoir, Fayard, 1997.

Pierre Péan

La diabolique
de
Caluire

Fayard

I

Quelques mots
sur l'arrestation de Jean Moulin

Dans *Vies et morts de Jean Moulin*, publié à l'automne 1998, je n'avais pas longuement insisté sur la trahison de Caluire, le 21 juin 1943. Après avoir décrit le climat délétère qui existait entre Jean Moulin et le mouvement Combat, je m'étais contenté de rapporter les faits connus de tous et de souligner la trahison de René Hardy, le chef de la Résistance-Fer. J'avais par ailleurs révélé l'existence d'un service de renseignement, le SR Ménétrel, dirigé par un ancien cagoulard nommé Raymond Richard, et suggéré que celui-ci avait peut-être joué un rôle dans l'arrestation de Moulin. J'espérais trouver plus tard des informations complémentaires qui me permettraient d'exploiter les pistes que j'avais ouvertes.

Après la polémique créée par un « historien » qui, à la suite de beaucoup d'autres depuis la Libération, tentait de blanchir René Hardy en fondant toute sa thèse sur une rencontre entre Jean Moulin et un agent de l'OSS dont on sait aujourd'hui de façon certaine qu'elle n'a jamais eu lieu[1], j'ai fait un tour de France pour présenter mon livre. A Montpellier, après une conférence à la FNAC, quelqu'un a laissé à mon nom une enveloppe contenant des documents qui m'ont décidé à rédiger un important complément à mon livre. Cet addendum permettra de faire un pas certain dans la compréhension d'un mystère qui hante encore la mémoire des Français en cette année du centième anniversaire de la naissance de Jean Moulin, et cinquante-six ans après le drame de Caluire.

Je ne reprendrai pas ici tous les éléments qui figurent dans *Vies et morts de Jean Moulin* ; je ne garderai que ceux qui sont nécessaires à l'enchaînement de ma démonstration. Avant d'en entamer la lecture, il est en effet essentiel d'avoir en mémoire les faits principaux, admis par le plus grand nombre, qui permettent de suivre la tragique journée du 21 juin 1943.

Le 27 mai, Jean Moulin a convoqué la première réunion du CNR (Conseil national de la Résistance) qui rassemble les mouvements de résistance, les partis politiques et les principaux syndicats. C'est un moment clé de l'histoire de la lutte contre l'occupant et une étape décisive dans la conquête du pouvoir par le général de Gaulle.

A 22 heures, le 7 juin 1943, René Hardy prend le train à Lyon-Perrache pour Paris où il a rendez-vous avec Théllis, le chef des corps francs du mouvement Combat. A Chalon, il est arrêté par les Allemands et ramené par Klaus Barbie, patron du SD de Lyon, jusqu'à la capitale

---

1. Daniel Cordier a notamment publié dans *Le Nouvel Observateur* du 18 février 1999 un document prouvant de façon définitive que cette rencontre n'a pas pu se produire.

des Gaules. Il est relâché le 11 au matin. Bénouville est mis au courant de cette arrestation.

Le 9 juin, le général Delestraint, patron de l'Armée secrète, est arrêté par les Allemands au métro La Muette. Les Allemands avaient eu connaissance d'un rendez-vous du général Delestraint avec René Hardy grâce à la convocation envoyée à ce dernier par Henri Aubry, chef d'état-major de l'AS, et déposée dans une de ses « boîtes aux lettres », laquelle venait d'être « grillée ». Hardy n'avait donc pas pu savoir qu'il avait rendez-vous avec le général Delestraint et c'est pour une tout autre raison qu'il avait pris le train le 7 juin.

Dès qu'il a connaissance de l'arrestation du général Delestraint, Jean Moulin met tout en œuvre pour le remplacer par un homme sûr. De leur côté, Frenay et son entourage cherchent à écarter Moulin de son poste et souhaitent que le nouveau patron de l'AS soit l'un des leurs. La réunion qui doit procéder au remplacement du chef de l'Armée secrète est prévue pour le 21 juin, dans la région de Lyon. Seul Henri Aubry, convoqué à cette réunion, appartient à la mouvance Frenay. Pierre de Bénouville qui, en l'absence de Frenay, parti pour Londres, s'occupe des affaires militaires à Combat, demande à René Hardy d'aller épauler Aubry à la réunion.

Le 21 juin, à Caluire, au début de l'après-midi, Klaus Barbie, escorté de quelques gestapistes, fait irruption chez le docteur Dugoujon. Jean Moulin, Raymond Aubrac, André Lassagne, Bruno Larat, le colonel Schwartzfeld, le colonel Lacaze, le docteur Dugoujon et René Hardy sont arrêtés. Au moment de monter à bord de la voiture qui est censée l'emmener, Hardy – qui, le matin même, était dans les locaux de la Gestapo pour « préparer » la réunion transformée en souricière – assène un coup à son gardien allemand et parvient à se sauver. Des coups de feu sont tirés. Quelques heures plus tard, Hardy est arrêté par la police française, puis transporté à l'hôpital de l'Antiquaille ; il est en effet blessé au bras gauche. Au bout de quelques jours, il est transporté à l'hôpital allemand de la Croix-Rousse d'où il s'échappe miraculeusement, le 3 août.

Depuis cette date, les preuves de la culpabilité de René Hardy se sont accumulées, mais, à deux reprises, il a été blanchi par la Justice. Il est mort dans son lit à Melle (Vendée) dans la nuit du 12 au 13 avril 1987, emportant son secret dans la tombe.

Les pages qui suivent sont destinées à lever une partie de ce secret. Elles peuvent permettre de comprendre pourquoi et comment cet homme, dont le comportement était reconnu par tous les résistants comme héroïque, a pu « donner » Jean Moulin.

II

René Hardy, puis Henri Frenay
soupçonnent Lydie Bastien

René Hardy est sûrement le tout premier à avoir nourri de graves soupçons envers Lydie Bastien. Dans les jours qui suivirent sa première arrestation à bord du train qui le conduisait à Paris, Hardy estima que quelque chose ne « collait » pas dans le déroulement de cette interpellation, suivie de celle, un jour et demi plus tard, du patron de l'Armée secrète. En fin d'après-midi du 10 juin, il avait en effet appris de la bouche même de Klaus Barbie l'arrestation du général Delestraint, opérée grâce à l'interception par les Allemands de sa convocation dans cette boîte aux lettres « Fer », autrement dit la sienne. Pourquoi les Allemands, une fois qu'ils en avaient eu connaissance, ne l'avaient-ils pas replacée dans sa boîte aux lettres ? Comment Barbie avait-il pu être au courant de son voyage alors que son billet avait été acheté par son agent de liaison et que le ticket de réservation de sa couchette ne lui avait été remis par sa fiancée qu'au tout dernier moment, quelques minutes avant qu'il ne monte dans le train, à 22 heures, le 7 juin, en gare de Lyon-

11

Perrache ? Lydie Bastien ne lui avait-elle pas narré les difficultés qu'elle avait eues pour lui permettre de prendre ce train-là ? Dans l'après-midi même du 7 juin, elle avait essuyé un refus de l'agence Cook de la place Bellecour. Elle était ensuite intervenue auprès du directeur. Ce dernier lui avait dit qu'il allait faire son possible pour obtenir le billet, et lui avait demandé de repasser vers 17 heures. De fait, lorsqu'elle était repassée, comme convenu, on lui avait remis une réservation pour un compartiment alloué en principe aux « officiels ». Le soir, René Hardy avait dîné chez les Bastien en présence du patron en France de la firme Markt & C°, M. Boury. Après dîner, Lydie et M. Boury l'avaient accompagné jusqu'à la gare de Lyon-Perrache[1].

Dans ses *Derniers Mots*[2], René Hardy s'est souvenu de ses soupçons :

> « Au cours de ces jours où je formulais un certain nombre d'hypothèses sur l'arrestation du général Vidal [Delestraint] et ma propre aventure, je n'avais pas écarté Lydie de mes soupçons. En effet, ne devait-elle pas partir avec moi pour Paris, le 7 au soir, et n'avait-elle pas, au dernier moment, décidé de remettre son voyage au lendemain matin ?... »

Follement épris, René Hardy ne pouvait continuer à nourrir longtemps de tels soupçons à l'égard de la femme qu'il aimait.

---

1. D'après les « Confessions de Lydie Bastien », publiés dans *France-Soir* du vendredi 4 avril 1947 sous le titre « Le 7 juin fatidique, j'ai loué *in extremis* la couchette de Hardy ».
2. Publié chez Fayard en 1984.

Environ un an plus tard, ce fut au tour d'Henri Frenay, l'ancien chef de Combat, patron et ami de René Hardy, de nourrir de graves soupçons envers la « fiancée » de ce dernier. Il était parfaitement au courant de ceux qui pesaient sur René Hardy lui-même depuis la fin juin 1943, et quand celui-ci, accompagné de Lydie Bastien, était arrivé à Alger en juin 1944, il avait demandé aux services de la Sécurité militaire de faire passer son ancien collaborateur entre leurs mains expertes. Le *nihil obstat* du colonel Paillole avait alors balayé les doutes et les craintes de Frenay qui avait embauché aussitôt René Hardy dans ses services au Commissariat aux prisonniers.

Frenay revint donc à Paris, à la fin août 1944, avec René Hardy dans ses bagages, et le garda auprès de lui quand il fut nommé ministre des Prisonniers, Déportés et Réfugiés, le 10 septembre. Installé avenue Foch, René Hardy y occupa les fonctions de directeur des services techniques.

Trois mois plus tard, des agents de la DGER, les « services secrets » qui venaient de succéder au BCRA, découvraient dans les archives de la Gestapo de Marseille le rapport « Flora », lequel montrait que René Hardy avait été arrêté par la Gestapo le 7 juin 1943 et était passé aussitôt à son service. Le 12 décembre 1944, René Hardy était arrêté sur ordre de Jacques Soustelle, patron de la DGER, dans les locaux du ministère des Prisonniers, par des agents de la DGER, en présence de son ancien adjoint dans la Résistance, René Lacombe. Il ne se révolta pas, mais parut accablé. Il répétait : « Je ne veux pas aller en prison[1] ! »

Un véritable coup de tonnerre dans le milieu des résistants !

Le 19 décembre 1944, Jacques Soustelle prévient Pierre de Bénouville que son ami René Hardy est passé aux aveux : « Le chantage dont il [avait été] victime [s'était exercé] au sujet de sa femme[2]. » Bénouville téléphone immédiatement à son ancien patron Frenay.

« Il est sans doute soulagé d'avoir avoué. Mais, maintenant, il pense à cet entretien que nous avons à l'instant et où nous nous disons mutuellement, la mort dans l'âme : il a trahi. Commence pour lui un nouvel enfer d'où il ne sortira pas[3] », déclare Henri Frenay.

Ce dernier téléphone à son tour à tous les amis de Combat, bouleversés par ces aveux. Le 30 décembre 1944, Albert Camus publie dans *Combat* – le journal de Frenay – un éditorial intitulé « Ne jugez pas ». Sans le nommer, il raconte l'histoire de René Hardy :

> « Et ses camarades stupéfaits étaient informés qu'il avait avoué et que c'était lui, en vérité, qui avait livré le rendez-vous à la Gestapo. Mais, dans le premier mouvement de leur colère, ils apprenaient que leur camarade avait été arrêté peu avant le rendez-vous, que **sa femme s'était peut-être trouvée aux mains de la Gestapo[4]**, et

1. *Ibid.*
2. In *Le Sacrifice du matin*, Pierre de Bénouville, Robert Laffont, 1945 et 1983.
3. *Ibid.*
4. Les passages en caractères gras sont soulignés par moi (P.P.).

que, par la torture ou le chantage, on avait obtenu qu'il parlât... »

La nouvelle de l'implication de Lydie Bastien dans l'affaire de Caluire renforça les soupçons d'Henri Frenay qui s'était toujours défié de la belle Lydie dont il sentait l'influence néfaste sur René Hardy. Déjà, à Alger, il avait remarqué combien son collaborateur était passionnément amoureux d'elle et que son comportement changeait du tout au tout quand elle était à ses côtés. Il avait l'air d'un petit chien, acceptant qu'elle le traite avec mépris, voire brutalité. Chaque fois qu'il voyait ce couple bizarre, Frenay pensait immanquablement au roman de Pierre Louÿs *La Femme et le pantin*. Il se sentait d'autant plus mal à l'aise qu'il n'ignorait pas les soupçons de trahison pesant sur Hardy.

Le portrait qu'il fait d'elle montre assez sa méfiance :

« Cette femme est inquiétante. Elle est trop belle. Grande, mince, toute en jambes, sa démarche est nonchalante et sûrement étudiée. Sa mise est élégante, un peu tapageuse. De ses yeux immenses pleins de langueur, elle fixe les hommes avec une insistance doucement provocante. Un type de femme qu'un metteur en scène rêve de rencontrer pour en faire l'héroïne d'un film d'espionnage[1]. »

Dès son retour à Paris, Frenay avait demandé au colonel Paillole, patron de la Sécurité militaire, de s'informer sur les contacts de Lydie Bastien avec l'Abwehr

---

1. In *La nuit finira*, Henri Frenay, Robert Laffont, 1973.

et le SD – preuve des très sérieux soupçons qu'il nourrissait à son endroit[1]. Ces soupçons reposaient probablement sur une information ou une rumeur qu'il souhaitait vérifier. Lydie ne l'ignorait pas et, toute sa vie, elle eut peur de Frenay[2]. Le charme dont elle usait et abusait envers les hommes n'avait pas opéré sur lui.

Après l'arrestation de Hardy, elle se rendit régulièrement chez l'ancien patron de Combat pour le tenir informé de ses démarches en vue d'obtenir des témoignages en faveur de son « fiancé ». Lydie venait en voisine : elle habitait en effet à Paris près de chez les Frenay, avenue Léopold-III, un somptueux appartement qui appartenait à Me Jean-Charles Legrand, célèbre avocat arrêté à la Libération. Frenay en profita pour la questionner. Après un voyage de quelques semaines à travers la France où elle avait notamment rencontré le docteur Dugoujon, Edmée Delettraz et quelques fidèles de René Hardy dans le Gard, elle l'invita à déjeuner chez elle. Comme à son habitude, la séductrice tenta de lancer ses filets :

> « Je l'écoute, pose des questions et veux créer un climat de confiance pour mettre à exécution le projet que j'ai mûri. Elle est ravie du tour que prend notre entretien. Alors, sans la quitter des yeux, je lui dis :
> – Lydie, ma conviction est faite. Si, dans cette affaire, il y a un coupable, c'est vous...
> Je vois alors ses yeux s'agrandir, comme horrifiés, et, une à une, les larmes couler sur ses joues. Encore plus

---

1. Information donnée à l'auteur par le colonel Paillole, le 23 février 1999.
2. Voir, plus loin, le chapitre XVIII : « "Béatrice" travaillait bien pour les Allemands. »

étrange, elle ne proteste pas, ne répond rien. Alors, sans un mot, je me lève et je pars. »

Quelle est alors l'intime conviction d'Henri Frenay ?

« Si, par malheur, il était prouvé que Hardy a réellement travaillé pour la Gestapo, il se serait donc "mis à table" immédiatement et sans avoir subi aucun sévice ? C'est inimaginable ! A moins que... à moins que les Allemands n'aient disposé d'un moyen de pression irrésistible.

Ne serait-ce pas cette femme qu'il adore ? Comment d'ailleurs l'a-t-il connue ? Fortuitement, à la Brasserie des Archers, à Lyon. Sa beauté sans doute l'a séduit. Il a engagé la conversation avec elle. Ils sont devenus amant et maîtresse. Il ne savait rien d'elle, ni de son passé, ni de ses activités.

Une hypothèse, peu à peu, se fait jour dans mon esprit : si Lydie, à l'insu de René, était déjà au service de la Gestapo, tout pourrait s'expliquer. Hardy est arrêté, les Allemands lui révèlent que sa maîtresse est un de leurs agents. S'il n'accepte pas, lui aussi, de travailler pour eux, ils dévoileront à la Résistance le rôle qu'elle joue chez eux. Dans cette hypothèse, que naturellement je ne peux étayer par aucune preuve, on comprendrait que Hardy, effondré par cette révélation, ne pouvant supporter l'idée que son refus entraînerait l'exécution de Lydie par la Résistance, ait accepté le marché. Elle et lui, liés désormais l'un à l'autre par un terrible secret[1].... »

---

1. In *La nuit finira*, op. cit.

L'énoncé d'une telle hypothèse est si amer pour Frenay qu'il ajoute, comme s'il voulait rejeter un pareil cauchemar :

> « Mais tout cela ne tient pas debout. Quand et comment Hardy serait-il tombé entre leurs mains ? Cependant, cette femme m'inquiète[1]. »

---

1. *Ibid.*

III

Lydie Bastien menace les témoins
et prépare le procès de son « fiancé »

Sitôt après la première arrestation de René Hardy en décembre 1944, Lydie Bastien avait donc entrepris un petit tour de France pour recueillir des témoignages en faveur de son « fiancé ». Comme à son habitude, elle avait, quand c'était possible, usé de son charme ; quand celui-ci ne pouvait opérer, elle n'hésitait pas à menacer les témoins.

Ainsi, dans l'ombre, des femmes se démènent pour défendre leurs « champions » :

D'un côté et en faveur de Jean Moulin, Antoinette Sachs, une ancienne maîtresse de l'ex-préfet de Chartres, soutenue par Laure Moulin[1], sa sœur, remue ciel et terre pour faire éclater la vérité qui, pour elle, sans l'ombre d'un doute, doit établir la culpabilité de René Hardy.

De l'autre, la maîtresse de ce dernier n'a aucun mal à convaincre Georges Cotton, ancien collaborateur du chef de Résistance-Fer, puisque, dès l'arrestation de René, celui-ci est venu voir Lydie à Paris pour se mettre à sa

---

1. Cf. à ce sujet *Vies et morts de Jean Moulin*, de l'auteur, Fayard, 1998.

disposition. Cotton croit inébranlablement à l'innocence de son ancien patron. Jusqu'au premier procès de René Hardy, Lydie et Cotton vont agir de concert pour préparer la défense de ce dernier. C'est Cotton qui indiquera à Lydie les personnes qu'elle doit contacter, car ils ont eu, d'une façon ou d'une autre, à connaître de l'affaire de Caluire. Comme Antoinette Sachs, Lydie Bastien s'installe à Lyon pour mener sa propre enquête.

Après avoir vu quelques témoins du passage de Hardy, blessé au bras gauche, à l'hôpital français de l'Antiquaille, juste après le drame de Caluire, Lydie rend visite au docteur Dugoujon, l'homme chez qui a eu lieu la tragique réunion. Ce dernier reçoit la jeune femme de façon glaciale ; il lui déclare d'entrée de jeu qu'il croit Hardy coupable et que celui-ci mérite à ses yeux douze balles dans la peau.

A l'issue du premier procès de René Hardy, le docteur Dugoujon a raconté en ces termes sa rencontre avec Lydie Bastien :

« Par tous les moyens : menaces, pleurs, adjurations, elle s'efforça de me prouver l'innocence de son ami. Elle est également intervenue auprès de M. Cressol[1]. Elle est certainement à l'origine des faux témoignages du procès, et c'est elle qui a conduit toute la défense. **Elle a certainement joué un rôle de premier plan auprès de Hardy avant son arrestation par les Allemands** dans le train de Paris, et son interrogatoire pourra permettre d'éclaircir nombre de points. C'est une femme très intelligente et très habile. Son influence a été considérable. A l'un de

---

1. Le fonctionnaire de Vichy qui avait été arrêté en même temps que René Hardy, en gare de Chalon, dans la nuit du 7 au 8 juin 1943.

mes amis, à Alger, elle a d'ailleurs déclaré en mars 44[1] :
"Ne dites pas du mal du double jeu. J'ai moi-même pu faire sortir des gens de la Gestapo." »

Comme nous le verrons un peu plus tard, c'est Lydie Bastien qui a effectivement orchestré toute la défense de son fiancé.

Elle rencontre ensuite un ancien surveillant de l'hôpital militaire allemand de la Croix-Rousse d'où Hardy était censé s'être échappé. Puis elle se rend à Nîmes voir divers ex-collaborateurs du chef de Résistance-Fer. Elle parvient à les intoxiquer complètement.

Mais le haut fait de Lydie a lieu à Annemasse où elle essaie de circonvenir un témoin à charge, capital, contre Hardy : Edmée Delettraz. Dans le cahier de notes d'Antoinette Sachs[2], on apprend ainsi que cette dernière a été menacée d'un mauvais coup si elle rapportait aux inspecteurs de la Police judiciaire ce qu'elle savait du rôle de René Hardy. Or Edmée Delettraz était un témoin clé pour l'accusation, puisqu'elle s'était trouvée au siège de la Gestapo quelques heures seulement avant la réunion de Caluire. Elle y avait constaté en quels termes « aimables » Hardy et les « Boches » se parlaient et comment avaient été mis au point avec le résistant français les détails du coup de filet. Edmée était devenue la pièce maîtresse du dispositif censé permettre à Antoinette Sachs de confondre René Hardy. Antoinette Sachs savait d'ailleurs qu'Edmée Delettraz parlait d'or, puisque, sitôt

---

1. Le docteur Dugoujon s'est trompé de date. Lydie Bastien est arrivée à Alger en juin 1944.
2. *In* Fonds Antoinette Sachs, déposé au musée Jean-Moulin à Paris.

après le drame de Caluire, elle-même avait été tenue au courant par Jean Cambus[1] du rôle de celle-ci dans l'affaire.

Lorsque les inspecteurs de la Sécurité du territoire arrivèrent la première fois de Paris pour interroger Edmée à Annemasse, Lydie Bastien était en train de lui parler ; elle déclara aux inspecteurs qu'elle était elle-même de la police et qu'ils devaient attendre ! Les inspecteurs ne se sont aperçus qu'ensuite qu'ils avaient été joués. Lydie Bastien tenait à influencer Mme Delettraz avant qu'elle ne parle aux policiers. Le juge Berry a trouvé cette façon d'agir « bizarre » et l'a consignée dans son rapport, lit-on dans le carnet d'Antoinette. Les pressions de Lydie n'empêchèrent toutefois pas Edmée de raconter quelques semaines plus tard à l'inspecteur Dominique Felce ce qu'elle avait vu, le 21 juin 1943, à l'hôtel Terminus de Lyon.

Il importe, à ce point du récit, de connaître ce témoignage capital. Après avoir raconté qu'elle travaillait pour le colonel Groussard, qui dirigeait depuis Genève un réseau de renseignement lié à l'Intelligence Service, et comment elle avait été arrêtée par les Allemands et obligée de « pointer » au siège de la Gestapo à chacun de ses déplacements à Lyon, elle déclare[2] :

---

1. Jean Cambus, qui faisait partie, comme Edmée Delettraz, du réseau Gilbert (« Gilbert » était l'*alias* du colonel Groussard), connaissait bien Antoinette Sachs.
2. Procès-verbal du 18 février 1945, établi en la présence de l'inspecteur Dominique Felce. Nous avons estimé que ce premier témoignage était suffisamment important pour le reproduire intégralement.

« Le 21 juin, me trouvant à Lyon, je fus convoquée par la Gestapo à l'hôtel Terminus où les Allemands me firent la proposition suivante :

"Nous allons vous présenter un Français qui a compris. Cet homme, du nom de Didot [Hardy], faisait partie et fait encore partie d'un service dont les attaches se trouvent à Londres. Nous avons arrêté cet homme lors d'un de ses déplacements à Paris et nous l'avons convaincu de ses erreurs passées. Il a accepté de travailler pour nous tout en restant en rapport avec Londres. Vous aurez à suivre cet homme cet après-midi et vous reviendrez nous dire dans quelle rue et quel immeuble il se sera rendu, car il doit assister à cet endroit à une réunion des chefs de l'Armée secrète, et nous pensons arrêter là tous les chefs participants de cette réunion."

J'ai fait semblant d'accepter afin de gagner du temps, de manière à prévenir autant que possible les membres de cette réunion de ne pas se rendre au rendez-vous, une souricière leur étant tendue par la Gestapo.

Les Allemands me prièrent alors de me rendre dans un bureau de l'École de santé où ledit Didot devait m'être présenté à 11 h 30. J'avais plus d'une heure devant moi pour mettre mon plan à exécution, qui consistait à me rendre à la boucherie Plateau, rue Moncey, à Lyon, où je savais qu'un camarade de la Résistance, Jean Cambus, devait passer, lui-même agent du colonel Groussard. Je m'y rendis, mais, ne pouvant joindre de suite Jean Cambus, je lui laissai à la boucherie Plateau une lettre dans laquelle je lui donnais toutes les explications relatives à cette réunion, en insistant plus particulièrement sur le rôle de Didot, qui n'était autre qu'une trahison.

Craignant que ma lettre ne touche pas en temps voulu mon camarade Cambus et me souvenant que je pouvais trouver une liaison par l'intermédiaire du capitaine Menat, attaché aux services de la Croix-Rouge, 52, avenue Foch à Lyon, je m'y rendis aussitôt ; je fus reçue par son adjoint, un lieutenant dont je ne me rappelle plus le nom et qui me présenta, en l'absence du capitaine Menat, au commandant de Labrosse, à qui j'expliquai à nouveau la situation et que je quittai aussitôt, persuadée que le nécessaire allait être fait. Je me rendis enfin à l'École de santé, point fixé par les Allemands, où ils me présentèrent ledit Didot.

Ce dernier me fit connaître les consignes relatives à la filature que je devais entreprendre auprès de lui. Il se mit en route et je le suivis jusqu'à Caluire où il entra dans un pavillon, lieu probable de la réunion des chefs de l'Armée secrète à laquelle il devait assister.

Je retournai à Lyon et je retrouvai les Allemands qui m'attendaient au pied du funiculaire. Ils me firent monter en voiture afin que je les conduise au point même de l'expédition, c'est-à-dire au pavillon de Caluire où Didot avait pénétré. En arrivant devant le pavillon en question, et ne voyant aucun attroupement – car j'espérais qu'à la suite de mes démarches faites auparavant, la Résistance, avertie, aurait supprimé Didot avant de prendre le large –, je trompai les Allemands en les amenant plus loin. Après un quart d'heure de simulacres de recherches, ils s'impatientèrent et je les conduisis.

Ils laissèrent leurs voitures à quelque distance et se dirigèrent à pied vers le pavillon en m'ordonnant de rejoindre l'École de santé d'où j'étais partie, ce que j'ai fait.

J'apprenais dans la soirée, au retour des Allemands de Caluire, qu'ils avaient réussi quelques arrestations parmi les membres de cette réunion. Je dois vous dire qu'au cours de la présentation de Didot, les Allemands, alors qu'ils élaboraient avec lui le plan de l'opération de Caluire, lui firent connaître que les menottes qui lui seraient passées seraient truquées et qu'il pourrait s'en libérer d'un coup brusque, et cela afin de donner le change aux participants de la réunion.

En effet, au retour des Allemands, je compris dans leurs conversations que ce détail s'était réalisé et qu'au surplus, afin de corser la comédie, Didot s'était volontairement blessé à un bras, et que même un chauffeur allemand, non au courant du rôle joué par Didot, avait tiré dessus en croyant avoir affaire à un fuyard.

J'ajoute que Didot, que je voyais pour la première fois lors de la présentation à l'École de Santé de Lyon, me paraissait à l'aise avec les Allemands et m'a fait l'impression d'être à leur service depuis un certain temps déjà.

Je reconnais dans la photographie que vous me présentez la personne même de Didot que je n'ai jamais connu que sous ce nom.

Didot est à l'origine des arrestations faites par la Gestapo à Caluire... »

Une quinzaine de jours après ce témoignage capital, le 6 mars 1945, René Hardy envoie à Lydie Bastien une lettre qui laisse percer sa passion dévorante et constitue un semi-aveu de culpabilité :

René Hardy,
Cellule 867/2e Division
N° 2 394
Prison de Fresnes

« Ma bien-aimée,

Aurai-je le courage de poursuivre jusqu'au bout cette lettre ? Aurai-je le courage de te faire souffrir en t'écrivant ces choses que mon amour seul me dicte ? Je voudrais calmer mon cœur et mon âme soulevés d'une atroce émotion. Il faut cependant que je t'explique tout ce que je pense. L'heure est trop grave pour ton avenir pour qu'il me soit possible d'éluder le plus douloureux des devoirs. Il faut que tu comprennes, ma bien-aimée, que c'est mon immense amour sacrifié qui m'entraîne à t'écrire.

Nous approchons de l'heure redoutable où des hommes me jugeront et apporteront des preuves que je ne pourrai combattre, car tout est faussé dans cette affaire. Aussi il ne me sera pas possible d'apporter de certitudes et je tomberai fatalement dans ce combat. J'y suis préparé. Je sais que les cours de justice frappent avec le fanatisme et l'aveuglement des périodes révolutionnaires. Le choix des jurés y conduit inexorablement. Comment pourrais-je en sortir ? Je crois que ta foi en moi, si elle n'est ébranlée devant tant de témoignages, refuse cependant ma défense totale. Tu envisages une condamnation et une amnistie. Ma Lydie bien-aimée, une amnistie ne vient que de longues années après le jugement, et tu n'aurais plus en moi qu'un homme diminué, un lépreux à cacher. Cela serait inhumain de te l'imposer. L'immense amour qui gît au fond de mon cœur ne peut accepter ce nouveau sacrifice. Jamais je n'ai tant souffert qu'en cette minute, si ce n'est dans les heures de silence douloureux d'un passé récent. Mais c'était nécessaire.

Je sais tout ce que tu as fait pour moi, ton courage et ta foi. Je sais les étrangers qui t'entourent et la perspective de te savoir un jour peut-être plongée dans cet enfer me torture d'autant plus que ce serait à cause de moi. Tu

26

es trop jeune, trop intelligente et trop belle, avec toutes les promesses de la vie, pour que tout cela soit gâché irrémédiablement par l'attente de mon destin, et la fin de ma souffrance qui ne laissera de place qu'à d'autres misères. Pour moi, il est trop tard pour être heureux ; les fils du destin se nouent avec une fatalité effroyable. Des heures approchent qui régleront mon sort pour de longues années, ma vie peut-être ? Il ne faut pas que tu gravisses ce douloureux calvaire. Il faut que tu puisses me rejeter de ta pensée, que tu éteignes peu à peu l'image que tu as de moi, que tu penses à ton injuste souffrance dont je suis la cause. Il ne faut pas plus longtemps que j'assiste à l'immense sacrifice que ton amour me consent, car je porterais le poids de cette douleur plus durement que de toutes les autres. Ne pense pas à moi, étudie quelque chose, travaille, bannis-moi peu à peu de ta pensée, retourne à ta destination première, à l'art. J'avais espéré égoïstement que le bonheur était possible. Quel bonheur pourrais-je t'apporter, ruiné, faible, et dans combien de temps ? Des années, sans doute. Cela n'est pas [illisible] et l'immense et éternel amour gisant au fond de moi, et que nulle mort ou nul supplice ne saurait arracher, m'interdit de t'associer à mon destin.

Ta famille, les tiens, ton avenir, cela est un crime de ma part. En cette atroce minute où je trouve cette ultime force, je sens que j'ai humainement raison. Pour moi, ma bien-aimée, j'emporterai tant des souvenirs précieux que tu m'as donnés que je serai immensément riche jusqu'à mon dernier souffle, et cela m'aidera à attendre l'heure du destin. J'ai prié, mon amour, j'ai prié en retrouvant les mots de mon enfance, et la prière éclaire dans la solitude. Je sais que tu m'as donné la vie, que tu aurais le courage de m'attendre, mais, mon amour chéri, ne m'attendrais-tu pas en vain ? J'ai fait déjà autrefois treize mois de ce régime terrible des prisons cellulaires. Aurai-je la force de résister des années ?

Maintenant que j'ai souffert ma douleur et le déchirement de tout mon être, j'ai mis mon âme en paix, je la sens illuminée plus que jamais et pour toujours de mon grand amour. Mais, avant de terminer cette dure lettre, je voudrais que tu me répondes à la seule question, à celle d'ailleurs qui va décider de mon sort : me crois-tu coupable ? J'ai senti, dans ta lettre, la possibilité qu'il en soit ainsi, et cela me torture. Si je l'étais, je sais que tu ne m'aimerais plus, et ce serait plus simple et moins pénible pour moi. **Si même j'avais eu une simple faiblesse ?** Détruisant l'image que tu t'es faite de moi, cela suffirait peut-être à faciliter ce détachement de moi qui fus maudit, auquel la vie apporta toujours des souffrances alors que je voulais donner tout ce que j'ai de meilleur en moi-même. **Si j'avais commis simplement une faute, une erreur de tactique ?** Et puis non, qu'importe ! Il ne faut plus que tu souffres pour moi.

Réponds-moi, cela apaisera mon âme dans ce grand désespoir. Car je ne mesure pas ma vie au travail immense que j'ai pu faire, à l'action décisive que j'ai conduite. Cela ne compte pas, ne compte plus. Je pense seulement et uniquement à toi, à toi seule, comme j'y penserai toujours, et il m'importe plus de connaître ton jugement que celui des hommes. Tu peux cependant, mon amour, être sûre que je n'ai pas commis de faute contre l'honneur dans la cause que j'ai défendue. Quelle que soit l'issue de ce drame, la captivité ou la mort auxquelles rien ne semble pouvoir m'arracher, j'aurai au fond de moi ce rêve et ces souvenirs qui me donneront la joie intérieure jusqu'au dernier jour.

Ma bien-aimée, avant de clore, laisse-moi encore embrasser tes yeux, tes lèvres, laisse-moi regarder ton visage adoré, parle-moi encore des hautes et belles choses de l'art, de notre patrie, de la musique que tu aimes, laisse-moi longtemps, ne bouge pas, que je puisse m'arracher. Ne parle pas, surtout, ne considère pas que de ta part ce serait un abandon, puisque c'est moi qui te l'ai demandé.

René.

PS. Surtout, n'agite plus la Résistance. Tiens-toi sur tes gardes, oublie. Oublie-moi. Pense, ma bien-aimée, que je suis inculpé au nom de l'art. 75 du Code dont la peine minimum est de cinq ans. Réponds-moi au plus tôt. »

Lydie Bastien est en effet encore jeune et il ne semble pas qu'elle ait attendu que René Hardy fasse semblant de lui rendre sa liberté pour la prendre. Elle est jolie et entend continuer d'exercer sa soif inextinguible de séduire. Elle espace ses visites à René Hardy, ses lettres deviennent plus rares et sèches. Le prisonnier de Fresnes, qui a un terrible besoin d'aimer, va dès lors se livrer complètement à René Lacombe, son ancien adjoint dans la Résistance-Fer, à qui il confie ses états d'âme et ses souffrances. Hardy le prend à témoin de son manque de Lydie dans de nombreuses lettres :

« Pas de nouvelles de Lydie. Rien ! Rien ! [...] Lydie est couchée depuis quinze jours, je n'ai que de rares nouvelles d'elle, comme je ne l'ai vue qu'une fois depuis le début octobre. [...] Que te dirai-je aujourd'hui, sinon que Lydie ne m'écrit plus, ne vient plus à l'heure la plus dramatique... Je voudrais que tu voies Lydie, que tu saches ce qu'elle devient, si elle m'aime encore... Si quelque chose est possible encore, si Lydie m'aime encore comme je puis l'aimer... »

René Lacombe et Pierre de Bénouville vont en partie combler l'abîme sentimental laissé par l'éloignement de Lydie. Les deux hommes – accompagnés d'Henri Garnier, autre responsable de la Résistance-Fer – rendent visite à René Hardy qui a réussi à éviter une confrontation, en juillet, avec l'un de ses grands accusateurs, Multon-Lunel[1], en se faisant admettre, étant soi-disant très malade, au sanatorium de Saint-Martin-du-Tertre. Au cours d'une de ses visites, le fidèle Bénouville évoque même la possibilité de l'enlever. « Pierre ne disait pas la vérité quand il est venu me voir et me disait qu'il avait le désir de m'enlever. Une velléité romanesque, sans plus », écrit quelques jours plus tard René Hardy à René Lacombe.

L'échange de correspondance entre les deux René[2] montre d'ailleurs qu'ils ont évoqué ensemble l'affaire de Caluire et le « secret » de Hardy. René Lacombe écrit ainsi, le 21 novembre 1946 :

> « Un mot revient tout le temps dans tes lignes, c'est le mot "orgueil"... qui, **dans tes rapports avec les loups...** t'a fait faire des erreurs que beaucoup de compagnons de combat ne te pardonnent pas... Tout ceci... pour

---

1. Multon-Lunel était un ancien du mouvement Combat qui avait trahi et qui était, avec Edmée Delettraz, l'un des très importants témoins à charge contre René Hardy. Il se trouvait à bord du train où René Hardy avait pris place au moment de son arrestation. Malgré les fortes pressions des amis de Jean Moulin, il sera exécuté sans avoir été confronté à Hardy.
2. Les photocopies de ces lettres m'ont été montrées par Me Serge Klarsfeld.

te dire que dans le drame de ton procès, je pense que tu es coupable de quelque chose, c'est de ne pas avoir exigé que toute la lumière soit faite alors que tu étais en liberté, et d'avoir accepté la gloire et les honneurs avant que tous les soupçons sur ton compte aient été éliminés... »

Dans une autre lettre datée du 6 décembre 1946 :

« Mais, tout de même, **dans l'étau effroyable dans lequel tu t'es trouvé, il me semble que tu aurais pu entr'ouvrir le voile... pour un ou deux de tes compagnons...** Toi, tu demeures le personnage inquiétant et haï de beaucoup, surtout de ceux qui réclament justice : les victimes de Caluire... Ne penses-tu pas que d'être raisonnable à un certain moment aurait été de t'entourer d'amis auxquels tu te serais confié et qui auraient été une équipe de protection pendant toute la période où tu as été à Alger et à Paris ensuite... Pour Lydie..., elle demeure parmi tes compagnons un personnage inquiétant qui fait dire qu'entre toi et elle il y a un secret terrible qui fait que tu n'as pas pu jeter la lumière sur le drame de Caluire. »

Le procès de René Hardy est programmé pour le 20 janvier 1947. Lydie Bastien interrompt alors sa folle vie[1] pour s'occuper de la défense de celui qui l'aime encore. Le temps des frivolités est pour elle révolu. Elle se sent partie prenante au succès ou à l'échec du procès. Elle a choisi Me Maurice Garçon, la star du barreau parisien, comme défenseur de René. Elle redevient le chef d'orchestre clandestin de la défense de Hardy. Quelques jours

---

1. Voir *infra*, chapitre VII.

avant la première audience, elle fait parvenir une lettre à son « fiancé ». Nous en reproduisons d'importants extraits, car tout ce qu'elle y expose se réalisera au cours de ce premier procès.

« Mardi,
Mon chéri,

Tu feras bien, étant donné la nombreuse documentation que M. Cotton[1] nous a donnée, de t'en servir pour poser des questions subtiles aux témoins pendant le procès, mais il serait d'un très mauvais effet de mettre constamment le nom de M. Cotton en avant, ou ses écrits. Ne le faire que s'il est impossible de faire autrement. Je fais la même recommandation aux avocats. Tout cela, je crois, doit te mettre du baume dans le cœur. Je crois fermement à la réussite complète, comme je te le disais hier. Tous les éléments arrivent au dernier moment pour faire peser le plateau de la balance de ton côté. Et c'est avec cette certitude au cœur que tu peux et dois affronter le dernier obstacle, qui ne sera peut-être pas aussi dur que tu le penses à surmonter. Il y a des causes qui sont jugées d'avance, certes. La tienne, quoi que tu en dises, ne l'est pas. Combien de fois le président Ledoux a-t-il répété à notre ami que "c'est un procès qui doit se juger à la barre", et il ajoutait : "Et il faudra qu'ils viennent, ces témoins à charge... et qu'on voie ce qu'ils ont dans le ventre", en voulant dire qu'il ne manquerait pas de les malmener rudement pour les faire se démonter

---

1. On comprend qu'elle s'appuie sur M. Cotton et sur « Hélène » dans l'organisation de la défense de René Hardy. Le premier, apparemment convaincu de l'innocence de Hardy, lui a préparé un gros dossier et a convaincu « Hélène », une des secrétaires de Jean Moulin, de témoigner en faveur de l'accusé.

rudement. **Le président est pour toi.** Sudaka[1] ne sera pas aussi mauvais que tu le penses non plus, et il n'a pas dit encore son dernier mot... Voici pour le plan terrestre tel qu'il apparaît. »

En marge de cette première page, on peut également lire :

« Je vais voir si une démarche personnelle auprès du PC serait bien, côté Comité directeur et côté journal *Humanité* et Cachin. J'étudie aussi question jurés et j'enverrai Lacombe en toucher quelques-uns. »

Ces deux phrases soulèvent évidemment beaucoup de questions ; elles sont révélatrices à la fois de l'engagement de Lydie dans ce combat, des méthodes qu'elle ne recule pas à utiliser et de l'éclectisme singulier de ses relations. Pour la première fois, on la voit évoquer notamment des contacts avec les communistes qu'elle est censée détester et qui sont supposés lui rendre la pareille.

Autre rajout en première page, qui montre un niveau de duplicité que le lecteur pourra ô combien vérifier ultérieurement :

« Je te dis encore, mais tu le sais, combien je serai recueillie et avec toi lors du procès, et avec quelle terrible impatience je t'attendrai, et quel luxe de plaisir est dans mon esprit à la pensée de te voir dans mes bras. Je t'aime plus que tout au monde et je te demande pour toute ta vie de n'en jamais douter. Je t'embrasse de toute mon âme. »

---

1. Le commissaire du gouvernement.

Prenons à présent la deuxième page. Lydie Bastien commence par évoquer une récente entrevue avec Pierre de Bénouville :

« Pierre va faire une "confession publique" et va dire qu'il a été trompé et qu'il n'a pu, sur le moment, résister à la "vanité littéraire" qui le poussait à terminer son livre sur un épisode lyrico-tragique[1] !... Tu verras, tu auras – il a des remords – une surprise de son côté, et il y aura sûrement un moment ou plusieurs du procès qui seront pathétiques, où il sera fait appel à de grandes idées qui te couvriront et sur la toile de fond desquelles tu apparaîtras comme une victime !

Alors que je suis tellement sensitive pour tout ce qui est d'heureux et malheureux **(rappelle-toi les jours qui ont précédé le 21 juin[2], mes pressentiments, l'horrible vision que j'eus le matin même du 21 juin, alors que j'allais te quitter et que tu étais au lit, l'angoisse profonde qui me saisissait et me faisait comprendre le danger, et peut-être entrevoir toutes les conséquences...)**, en ce moment et depuis quelques jours, alors que depuis longtemps je redoutais cette période d'attente anxieuse qui devait précéder immédiatement le procès, je n'en reviens pas de constater mon calme, ma certitude intérieure – ma joie : je dis bien ma joie –, comme à l'approche d'un événement "neutre", et ensuite j'écoute la réponse : c'est toujours la même, et je sens aussi que je vais te revoir. J'en suis sûre. Je voudrais que tu croies

---

1. Dans *Le Sacrifice du matin, op. cit.*, Bénouville racontait au dernier chapitre l'arrestation de René Hardy et écrivait notamment : « Judas était parmi nous mais, avant de trahir, il était pareil à nous. »
2. Lydie Bastien fait évidemment allusion ici au drame de Caluire.

à ces prémonitions. Les miennes sont en ce moment tellement fortes que je ne puis douter. Je n'essaie plus, même. La chose est acquise. La récompense est là. C'est la récompense à toutes mes peines, mes angoisses, et à mon travail acharné – je sais qu'on me la donnera, et, pour toi, c'est une [amnistie] que ces personnages consentent à signer avec toi[1], c'est un prêt qui t'est fait. A toi maintenant de le faire fructifier ! **De toute manière, il doit te faire comprendre la toute-puissance des forces qui agitent nos ficelles de marionnettes, en les accordant aussi ou les désaccordant avec celles du voisin [...].**

J'ai essayé de joindre Pierre aujourd'hui... Parti en week-end. Dimanche midi, j'ai à nouveau rendez-vous avec La Combe [il s'agit de René Lacombe] **(qui exécute point par point mes instructions !).** Tout est fait en règle et en temps, tu peux le constater ! Sans compter **toutes les notes aux avocats – à Thirault[2] – que j'ai faites parce que j'en sentais la nécessité, et que tu ne** sais pas. »

Elle fait un petit renvoi pour lui préciser qu'elle n'assistera pas au procès et ajoute :

« Dommage. Après deux ans de labeur, ne pas même assister au couronnement de mes efforts ! J'espère que je serai bientôt récompensée, cependant, en te retrouvant d'un coup après tant de souffrances. Ces heures à venir, proches maintenant, me hantent l'esprit et c'est cela qui fait que je suis sûre que l'obstacle sera franchi – depuis

1. Allusion au manifeste signé par de nombreux résistants en faveur de René Hardy.
2. Collaborateur de Me Maurice Garçon.

quelques jours, alors que je t'ai tant dit mes craintes !...
C'est une certitude pour moi. »

Lydie Bastien revient ensuite sur le comportement que doit adopter son ex-amant :

> « Se servir de la documentation Cotton[1] pour poser des questions insidieuses aux témoins à charge et poser des questions aux témoins à décharge, mais ne pas mettre toujours son nom [celui de Cotton] en avant, car il aurait l'air d'avoir un préjugé par trop favorable à ton égard.
> Créer le doute : prendre les témoins (Mme Delettraz) en flagrant délit de mensonge.
> Sabrer Aubry (mais je ne te conseille pas de le faire toi-même, fais-le faire pour cela par Garçon[2] ; cela aura plus de poids). Car il faut dissimuler le plus possible l'esprit de vengeance qui, s'il perçait de ton côté, ne ferait que le faire passer pour un petit saint. Ce que j'ai relaté au sujet d'Hélène[3], ce sont les mots textuels de Cotton, donc lui poser des questions dans ce sens [...].
> Je me sens l'esprit dégagé, libre, comme s'il fallait s'attendre à un heureux déroulement psychologique du procès, à des effets inattendus bien que nous en possédions déjà les éléments. Il y a de très bons éléments qui se résument en ceci : on n'avait pas besoin de toi pour faire les arrestations de Caluire ! Les surveillances exercées depuis des mois devaient fatalement aboutir à ce coup de filet, car ces mêmes surveillances ne permettaient pas aux Allemands de les rater ! »

---

1. Voir *supra*, page 19.
2. Me Maurice Garçon.
3. Voir notes page 32.

Il est intéressant de souligner qu'à aucun moment il n'est question dans cette lettre de l'innocence de Hardy, mais qu'on y insiste en revanche sur le fait que, même sans lui, la réunion de Caluire aurait été connue des Allemands !

« Ne pas oublier qu'Aubry a déclaré que Barbie lui avait dit, lors de ses interrogatoires, que ses services prenaient connaissance des lettres dans les boîtes et remettaient ensuite ces lettres dans les boîtes. Et on comprend les Allemands de n'arrêter personne avant un coup de filet suffisamment important !

Je viens de regarder l'heure. Il est exactement 1 h 25... du matin, naturellement [...]. Mon petit loup chéri, je te demande la permission d'aller me coucher, car je me rappelle que j'étais tout de même un peu nerveuse, aujourd'hui, à cause de mes longues veillées de ces jours-ci... et il faut que je tienne le coup, car j'ai encore de l'argent à trouver cette semaine. Je t'embrasse de toute mon âme, je t'adore et je n'attends plus qu'une chose : être dans tes bras, mais il faudra prendre nos précautions, ne l'oublions pas ! Je sais où tu seras bien, et tranquille pour commencer. Mille doux baisers de ton Baby. (Tu ne m'appelles plus du tout comme ça : est-ce que tu l'aurais oublié ?)

Lydie. »

Elle écrit un complément à cette lettre après avoir reçu en réponse un mot de René Hardy :

« J'ai été très heureuse de recevoir ton petit mot... rassurant et réconfortant, mais réponds aussi à mes questions ! Jeanne[1] a été aussi très heureuse. C'est cela qu'elle mérite, et pas autre chose.

J'attends avec impatience et plaisir (j'espère que tu ne me décevras pas) ton prochain courrier annoncé.

Tous ces jours, je ne puis m'empêcher de penser que, dans quelques jours, nous pourrons être réunis, car les choses se présentent bien, les derniers éléments sont très intéressants et susceptibles de créer un "courant de sympathie" à ton égard. C'est ce que tu dois t'efforcer de créer. Le mot est venu simplement sous ma plume, mais il est juste. Pondération, à-propos, finesse, subtilité même, mais toujours calme et maîtrise complète de toi-même. Jamais un mot, une "algarade" avec un témoin ! Un duel rationnel, logique, basé sur tes propres évidences et sur ta documentation accumulée, mais pas de "mots", pas de paroles vengeresses. C'est ainsi que tu créeras ce courant de sympathie. Il faut que tu aies l'air plutôt d'un agneau, d'une victime, tout en gardant une mâle attitude – et puis, **rappelle-toi les conseils du président... Il m'a dit aussi que je ferais mieux de m'abstenir de paraître au procès, car, en voyant "ma tête", on pouvait se servir de cela contre toi en disant que par amour pour moi, tu as fait des choses...** Sudaka me présenterait tout de suite comme une femme fatale (le bruit a déjà couru à Lyon et ailleurs) et il s'en servirait pour mieux t'enfoncer en disant que l'on n'a jamais trouvé la cause psychologique véritable des agissements de Hardy, mais que c'est là qu'il faut la trouver : dans cette femme aux yeux noirs, etc. Je vois d'ici le tableau... Toi aussi ! »

---

1. Il s'agit probablement de Jeanne Fénéant qui avait été employée comme femme de ménage du couple et était devenue une amie, puis la confidente de Lydie.

Passage extraordinaire où l'on voit une Lydie Bastien discuter avec le président du tribunal de la stratégie à suivre, et où elle décrit elle-même « **la cause psychologique véritable des agissements**[1] **de Hardy** » !

Elle renchérit ensuite :

> « [Il] apparaissait "étrange" à tes (Frenay, etc.) que je m'occupe de toi et de te défende comme je l'ai fait ; qu'il doit y avoir un secret qui me lie à toi, etc. Même Bressac[2]. Pour éviter tout incident de ce genre, je serai "malade" et vais "consulter" un docteur, et resterai à la chambre. Ne t'inquiète donc pas ! »

---

1. « Agissements : comportements, manœuvres blâmables », dit *Le Petit Larousse*.
2. Il s'agit en fait de « Brissac » *alias* de Jean Herbinger, qui participa au recrutement de Hardy à Combat. Malgré ce doute passager, il restera fidèle à René Hardy.

IV

Le procès truqué

Le 20 janvier 1947, le procès commence bien pour l'accusation, c'est-à-dire pour tous ceux qui défendent la mémoire de Jean Moulin, mais Mᵉ Maurice Garçon, le très brillant défenseur de René Hardy, fragilise le principal témoin, celui qui a fait l'objet de toutes les attentions d'Antoinette Sachs : Edmée Delettraz. Après que celle-ci a fait une longue déposition qui reprend en les développant ses premières déclarations de février 1945, puis a répondu aux questions du président et du commissaire du gouvernement, Hardy est appelé à se lever et à s'exprimer. « Vous êtes un faux témoin, c'est tout ! » lance-t-il brutalement avant de se rasseoir.

L'avocat de René Hardy se lève et pose à son tour à Edmée des questions qui tournent toutes autour de ses relations avec les Allemands. Un portrait de traîtresse se dessine petit à petit. Mᵉ Garçon est impitoyable. A un moment donné, Sudaka, le commissaire du gouvernement, qui sent que le procès bascule, essaie de mettre un terme aux insultes de l'avocat. Le président intervient à son tour pour le calmer. Sans succès. Maurice Garçon raconte alors que le témoin travaillait non seulement pour les Allemands, mais aussi pour le colonel Groussard qui traquait les gaullistes pendant la guerre. Et d'évoquer au passage les menaces reçues le matin même par son confrère Mᵉ Chadirat pour les empêcher de parler de Groussard. Quand il en a terminé avec ses questions, le témoignage d'Edmée Delettraz est complètement décrédibilisé...

Tout s'est passé comme l'avait décrit Lydie dans sa dernière lettre à René Hardy :

> « J'ai appris d'autre part aujourd'hui [samedi] que Groussard était en fuite et avait un mandat d'arrêt pour l'affaire de la Cagoule. Mme Delettraz ne pourra donc obtenir de son "chef" une attestation, et, comme elle était dans son service, ça la brûle considérablement ! »

Pour « achever » le principal témoin à charge contre René Hardy, l'agent de liaison Jean Bossé va commettre un faux témoignage en affirmant qu'à l'heure où Mme Delettraz avait vu Hardy à la Gestapo, Hardy déjeunait avec lui ! Mᵉ Garçon gonfle cette déposition en déclarant que son auteur est un grand héros, mais qu'il est très modeste. A preuve : il a été fusillé par les Allemands le 22 juin 1944, s'en est miraculeusement sorti et n'en parle jamais... Et pour cause : d'anciens déportés réclamaient son arrestation pour avoir dénoncé des patriotes à la Gestapo !

Une série de faux témoignages va ainsi émailler le procès :

Faux témoignage de René Lacombe, devenu le meilleur ami de René Hardy depuis que ce dernier est en prison. L'accusé lui a écrit :

« Crois-tu, René, qu'on puisse si facilement se fiche à poil devant autrui et confier son désespoir ? Non ? Je le fais aujourd'hui sans qu'il m'en coûte, comme je l'ai fait à Lydie. Vous seuls pourrez deviner le drame que j'ai vécu plus de vingt ans de ma vie [...]. Mais je puis le dire à toi, René : j'aurais voulu un frère, une sœur à aimer de toute mon âme, c'est pour cela que j'aime Pierre[1]... »

Un autre jour :

« Que te dirai-je aujourd'hui, sinon que Lydie ne m'écrit plus, ne vient plus à l'heure la plus dramatique. Me voici seul, mon vieux, seul dans le vide absolu, sans famille, sans maison ; un seul fil ténu me rattache au monde, c'est celui de ton amitié. »

René Lacombe ne dit mot devant la cour des confidences que lui a faites René Hardy à Saint-Martin-du-Tertre, durant l'été et l'automne 1946...

Témoignage inexact du général de Bénouville qui fait une prestation brillante de soutien à son ami. Pour conférer plus de poids à ses mots, il met en avant ses propres faits de Résistance. Il en arrive à l'entrevue qu'il a eue avec René Hardy, après que ce dernier fut passé entre les mains de la Gestapo. Celui-ci lui aurait dit :

« J'ai pu sauter à Mâcon. Je me suis rendu dans différentes de nos villes, et me voici, je reprends mon travail. »

---

1. Il s'agit de Bénouville.

43

Et le général d'exposer :

« Il a repris sa place parmi nous. L'affaire de Caluire se situe le 21 juin. Le 21 juin au matin, j'ai quitté Lyon, me rendant en inspection à Toulouse. J'ai été averti de l'affaire de Caluire par un agent de liaison... »

Or Bénouville savait fort bien que Hardy avait été arrêté par les Allemands dans le train qui le conduisait à Paris dans la nuit du 7 au 8 juin 1943, ainsi qu'il m'en a lui-même fait plusieurs fois la confidence[1]. Bénouville ne dit pas non plus la vérité quand il dit être parti de Lyon le 21 juin au matin : il n'est parti qu'à 21 heures, le soir, pour aller se marier dans la région de Toulouse. Il n'a pas appris le drame de Caluire par un agent de liaison alors qu'il se trouvait en province, comme il le déclare à la cour, mais il a été mis au courant du drame quelques heures après celui-ci, le lundi en fin d'après-midi, avant même de prendre le train pour aller convoler[2]...

Le grand argument développé par Bénouville pour blanchir son ami René Hardy est que si celui-ci était un traître, lui et quelques autres auraient été arrêtés.

Il parle ensuite de l'origine politique de ces calomnies – sous entendu : les communistes.

« Je crois savoir d'où vient ce complot, et je le dirai en plaidant », l'interrompt Mᵉ Maurice Garçon.

---

1. Voir à ce sujet *Vies et morts de Jean Moulin*, *op. cit.*
2. Les détails concernant le témoignage de Bénouville figurent *ibid.*

Comme l'avait annoncé Lydie Bastien dans sa lettre adressée à René Hardy quelques jours avant le procès, Bénouville parle du doute qui l'a saisi après avoir appris par Jacques Soustelle, en décembre 1944, que son ami avait « parlé », quelques jours après son arrestation.

« Il est vrai que j'ai été troublé par son cas. Lorsqu'il a été arrêté, sa femme[1] est venue me voir. J'ai tout mis en œuvre pour qu'il fût libéré ; j'ai échoué. Et, un jour, j'ai reçu à mon domicile, où j'étais retenu par mes blessures, la visite de mon ami Jacques Soustelle, alors directeur général des Services spéciaux, qui est venu me trouver et qui m'a dit : "Je dois vous informer que nous avons un rapport qui indique que Hardy a avoué." Alors, évidemment, nous avons été ébranlés, et nous nous sommes posé des questions. J'ai relu les pages que j'ai écrites au sujet de Chauvy[2] : je continue à me poser cette question dans mon livre, mais je ne l'ai pas accusé. J'ai commencé à avoir un doute horrible quand on m'a dit qu'il avait avoué, un doute tel que je n'ai pas oublié, au moment où je pensais qu'il avait pu avouer – ce qui est faux, ce qui n'a jamais existé –, un doute tel que je me suis rappelé les conditions de notre existence...

Je m'excuse, en terminant cette déposition, de croire devoir vous rappeler, du fond de mon âme, que vous avez devant vous l'un de ceux qui ont combattu de toutes leurs forces et de toute leur espérance, l'un de ceux par lesquels, aujourd'hui, la France est libre. René Hardy, disait-on l'autre jour, n'a pas toutes les décorations qu'il pourrait avoir. J'affirme que s'il avait été arrêté huit jours

---

1. Il s'agit évidemment de Lydie Bastien.
2. Le « pseudo » sous lequel Bénouville parle de René Hardy dans *Le Sacrifice du matin, op. cit.*

45

plus tard, il serait, comme nous, Compagnon de la Libération, et c'est pour cela qu'aujourd'hui je suis heureux de lui rendre, du fond de mon cœur, l'hommage total de mon amitié et de ma foi. »

Le journaliste du *Figaro* note :

« Ce témoignage, proféré avec feu par un homme qui connaît la valeur des mots et de l'action, fait une grosse impression. »

C'est alors au tour de Frenay de venir à la barre soutenir son ami. Il lance :

« Hardy est pour moi un ami et le demeurera jusqu'à ce que des preuves du crime dont on l'accuse me soient apportées ! »

Des généraux témoignent à leur tour en faveur de Hardy. Puis c'est Claude Bourdet qui termine par :

« Je ne sais pas si Hardy est coupable. Ce que je sais de lui, de ses exploits, de son caractère, me défend de le penser. »

Pendant tout le procès, Me Garçon aura par ailleurs réussi à casser toutes les accusations émanant des Allemands ou de leurs agents (Barbie, Dunker, Multon) parce que, justement, ils sont allemands, donc les représentants du Mal, ce que l'assistance et les jurés peuvent entendre, moins de trois ans après la libération de Paris. Les témoins à charge ont tous été maltraités, et la sœur de Moulin insultée.

René Hardy est acquitté au terme de ce procès biaisé. Lydie Bastien a gagné contre Antoinette Sachs et Laure Moulin.

V

Les deux amants se retrouvent
à Villeneuve-le-Roi

Le 24 janvier 1947, l'acquittement de René Hardy est salué par un tonnerre d'applaudissements. Lydie Bastien, qui n'a même pas été citée comme témoin, peut se féliciter d'un verdict qui est largement son œuvre. Tout s'est déroulé en effet comme elle l'avait prévu.

Dans un petit café près de la prison de Fresnes, Henri Frenay, sa femme Chilina et René Lacombe attendent la levée d'écrou autour d'un poêle. L'ex-patron de Combat tient à être le premier à embrasser son ancien compagnon. Il se dirige vers le greffe. René Hardy sort. Les deux hommes s'étreignent. Frenay félicite Hardy, mais sent chez lui une certaine gêne[1]. « Pourquoi son sourire est-il forcé ? Peut-être l'émotion de retrouver ses amis et la liberté ? Peut-être autre chose, car si son acquittement m'a causé une grande joie, des points demeurent pour moi obscurs. Je veux lui en parler », racontera-t-il ensuite.

---

1. Scène décrite d'après *La nuit finira, op. cit.*

René Hardy rejoint Lydie Bastien à Villeneuve-le-Roi dans un petit pavillon de banlieue qui appartient à Mme Fénéant, l'ancienne femme de ménage des Hardy, devenue la confidente de la jeune femme. La rue de l'Amiral-Hamelin est un coin paisible, verdoyant, qui doit rappeler à René Hardy son Orne natale. Il attend ces instants depuis si longtemps !...

Mais Lydie a d'autres choses plus urgentes à faire. Elle lui dit devoir assister le soir même à une séance de spiritisme qu'elle ne peut manquer à aucun prix. Après qu'il a connu plus de deux ans de célibat forcé, Lydie Bastien ne lui accordera qu'une nuit, celle du 25 au 26 janvier !

Dans l'après-midi du 26 janvier, Claude Bernac rencontre son ami René Hardy dans un petit bar de Montparnasse[1]. Lydie Bastien est à leurs côtés. Hardy laisse percer son exaltation :

> « Il avait une voix rauque mais vibrante, et son regard brillait étrangement.
> – Je suis décidé à faire toute la lumière. Rien ne pourra m'en empêcher ! J'ai bien des choses à révéler, qu'on ne soupçonne pas. »

René Hardy lui fait part de ses projets, parmi lesquels la rédaction de ses Mémoires. A sa droite, Lydie Bastien, qui écoute en fumant, le frappe par sa beauté.

---

1. Claude Bernac a raconté cet après-midi dans *Paris-Presse*, vendredi 28 mars 1947.

« C'est une jeune femme très belle, à la peau mate, à la voix chaude, aux magnifiques yeux noirs animés intérieurement d'un feu sombre, parfois insoutenable. Vêtue de noir, coiffée d'un chapeau dont la voilette adoucissait encore les traits de son visage, elle était d'une élégance vraiment remarquable. »

Un fait, pourtant, a frappé Claude Bernac au cours de cet après-midi tranquille. Lydie Bastien partait le soir même pour la Suisse et, comme la conversation se prolongeait, elle se leva et quitta son « mari » avec une désinvolture surprenante, en lui serrant simplement la main. René Hardy lui demanda s'il la reverrait avant son départ.

« – Non, j'ai trop à faire. Tu n'auras qu'à me téléphoner ce soir.
Hardy ne sembla pas s'étonner outre mesure de tant de froideur... »

Le visa qu'elle a obtenu à la Légation helvétique de la rue de Grenelle en poche, Lydie roule vers la Suisse. Elle va revoir de nouveaux amis. D'abord Franz Meier, qu'elle a connu dans un bar parisien, « Au puits sans eau ». La quarantaine, bedonnant, Franz a été subjugué par elle. Il est intéressé par ses expériences de spirite. Fort libéral avec elle, il l'aide à s'assurer un grand train de vie. Y a-t-il davantage ? Meier est connu pour les sympathies qu'il a nouées dans certains milieux d'extrême droite. Il a présenté à Lydie l'un de ses amis, le beau « Pedro », fils d'une grande famille genevoise, très riche et propriétaire d'une importante papeterie.

« Pedro » est bien connu dans certains milieux du Vieux-Port, à Marseille. Il y a même été blessé d'un coup de revolver dans un bar, parce que, dit la rumeur, il ne se serait pas montré très régulier. « Pedro » est la dernière conquête de Lydie...

Pendant que Lydie songe à « Pedro », René Hardy partage son repas avec Frenay. Après le dîner, les deux hommes se retrouvent en tête à tête devant l'âtre. L'ancien chef de Combat rompt le silence qui s'est installé entre eux[1].

– René, nous avons souffert avec toi des accusations sous lesquelles on voulait t'accabler. Tu sais la joie que ton acquittement nous a procurée. Cependant, pour moi, cette joie n'est pas sans mélange. Des points restent obscurs, qui demandent à être éclaircis. Peut-être est-ce pour cela que je ne retrouve pas entre nous l'atmosphère d'autrefois. Je sens que tu as des choses à dire, notamment sur deux questions qui me reviennent sans cesse à l'esprit : quel rôle a joué auprès de toi Lydie Bastien, et qui, d'après toi, a donné la réunion de Caluire ?

Le regard rivé sur les bûches qui brûlent, Hardy ne bronche pas.

– Je ne te demande pas de me parler maintenant, reprend Frenay, mais après ton séjour en Allemagne, quand tu seras entièrement rétabli. Ne crois-tu pas que nous ne retrouverons vraiment notre amitié que lorsque tu m'auras répondu ?...

René Hardy laisse passer quelques secondes en regardant Frenay droit dans les yeux, puis murmure :

---

1. D'après *La nuit finira, op. cit.*

– Henri, tu as raison, mais pas maintenant. Dans quelque temps, je te parlerai...

Les deux hommes ne se reparleront jamais plus.

Frenay a organisé le repos de celui qui est encore son ami avec son ancien directeur de cabinet, André Braux de Favraud, alors gouverneur du Palatinat, en zone d'occupation française. René Hardy se refait une santé pendant que Lydie Bastien va et vient entre la Suisse et Paris. Quand elle est à Paris, elle habite un petit appartement à Montreuil, en banlieue parisienne ; c'est là qu'elle fait suivre son courrier. A Lausanne, elle mène la grande vie à l'hôtel Central-Bellevue. Franz Meier lui a prêté sa case postale, la n° 1893 – où elle reçoit son courrier de Paris et les lettres d'amour du beau « Pedro » quand celui-ci ne se trouve pas auprès d'elle. Franz Meier négocie pour le compte de la belle Lydie les Mémoires de son ex-fiancé...

VI

René Hardy avoue
avoir été arrêté par la Gestapo

Le vendredi 21 mars 1947, l'affaire Hardy est évoquée en Conseil des ministres. Depuis quelques semaines, en effet, le gouvernement a été saisi de faits nouveaux apportés par Roger Wybot, patron de la DST. Son parrain, qui travaille aux Wagons-Lits, lui a fourni la preuve que René Hardy avait bien été arrêté en gare de Chalon par les Allemands. Hardy a donc menti durant l'instruction et pendant le déroulement de son procès. Le gouvernement hésite à rouvrir ce pénible dossier qui a tellement secoué les anciens résistants dont beaucoup occupent désormais des postes officiels. Finalement, l'ouverture d'une nouvelle information est décidée. La DST est chargée de procéder à l'arrestation de Hardy.

Celui-ci finissait de se reposer aux côtés du général Braux de Favraud (*alias* « Brozen » quand il était chef des maquis de la région Nord), le gouverneur du Palatinat. Roger Wybot, qui suit personnellement l'affaire, n'a pas reçu l'autorisation de l'interpeller en Allemagne. Des guetteurs de la DST sont placés le long de l'itinéraire que doit emprunter la grosse Opel battant pavillon tricolore à bord de laquelle auront pris place le gouverneur et son hôte. Les hauts responsables de l'appareil d'État sont informés du bon déroulement de l'opération. A un moment donné, la voiture quitte l'itinéraire prévu et bifurque comme si elle se dirigeait vers Colombey-les-Deux-Églises. Panique dans les milieux gouvernementaux ! Et si René Hardy se rendait chez Charles de Gaulle ? Pas question de faire un affront au Général. Mais non : la voiture roule en réalité en direction de Troyes. Après quelques péripéties, Hardy est arrêté à la préfecture de l'Aube, puis conduit par Wybot rue des Saussaies, au ministère de l'Intérieur. Favraud a eu le temps de se ressaisir et proteste violemment contre cette arrestation. Entre-temps, Hardy a fini par craquer devant Wybot.

– Assez de toutes ces questions ! C'est vrai, j'ai menti. J'ai bien été arrêté par la Gestapo dans le train avant d'arriver à Chalon. Donnez-moi du papier et laissez-moi tranquille. Je vous consignerai tous les détails par écrit.

Sur huit pages, il va raconter ce qu'il ne peut plus nier : son arrestation par les Allemands, son séjour en prison...

« C'est alors que les Allemands, qui ont en main la lettre saisie dans ma valise, menacent de se livrer à des représailles sur les miens. C'est le chantage aux otages !

Je demande à être remis en liberté. J'offre, si on me libère, d'essayer de renouer avec des amis de la Résistance. Il n'y aura qu'à surveiller la maison de mes beaux-parents. Mais j'y ai caché des armes et je suis inquiet. Je souligne aux Allemands que mon travail ne sera pas facile. Ils acceptent de me rendre la liberté. N'ont-ils pas des otages sous la main ?

Il est convenu que je passerai tous les jours devant la maison de Bastien.

Libéré, je reprends mes contacts en me méfiant de filatures probables. Après l'affaire Delestraint, je n'ose me confier à personne [...].

Les Allemands me posent souvent des questions. Je m'en tire en leur répondant que je suis près d'aboutir et qu'il faut me laisser encore en liberté... »

S'il reconnaît qu'il a commis une imprudence fatale, il nie donc être responsable des arrestations de Caluire.

En révélant que le marché qu'il a passé avec Klaus Barbie tourne autour de Lydie Bastien, il la projette brutalement sur le devant de la scène alors qu'elle avait réussi l'extraordinaire exploit de n'avoir pas même été citée comme témoin lors du premier procès !

Le 27 mars, *France-Soir*, qui publie en « grande exclusivité » la confession de René Hardy, explique en une, sur trois colonnes, la raison pour laquelle René Hardy a craqué : « Lydie ne l'aimait plus, voilà pourquoi il a parlé », avec en sous-titre : « La femme qui serait la *"clé"* de l'affaire Hardy a disparu et la Sûreté la recherche. » Le journal de Pierre Lazareff est le meilleur sur l'affaire. Il écrit qu'une seule et unique personne est censée connaître le secret du rendez-vous de Caluire :

« Ce témoin numéro un de l'affaire Hardy, que la Sûreté recherche actuellement dans tout Paris et qui ne fut pas entendu au procès, est une femme. Celle qu'on appelait Mme Hardy, qu'on connaît dans certains milieux littéraires sous le pseudonyme très 1900 de "Diane d'Estarbique", et qui reste pour l'état civil Lydie Bastien. »

France-Soir révèle qu'à l'heure même où René Hardy faisait ses aveux, Lydie Bastien arrivait en gare de Lyon où l'attendait Mme Fénéant, sa confidente, qui lui avait prêté deux mois plus tôt son pavillon de Villeneuve-le-Roi. Immédiatement, Lydie Bastien hèle un taxi qui va la déposer devant un hôtel particulier du XVIe arrondissement avant qu'elle ne disparaisse à nouveau pour... Lausanne où elle a pris ses habitudes.

VII

La France découvre Lydie Bastien et en fait l'incarnation du Mal

Le 29 mars 1947, une meute de journalistes piaffe sur le quai de la gare de Lyon. Leur caméra au poing, leur crayon prêt à courir sur les pages de leur carnet, ils attendent Lydie Bastien qui a été priée par la police vaudoise de quitter son luxueux hôtel et la Suisse. Depuis que René Hardy a été remis sous les verrous, le 22 mars, toute la France espère que la vérité va enfin sortir de la bouche de cette femme. Une vérité qui, pour certains, ne fait aucun doute. *L'Aurore* du 27 mars n'y va pas par quatre chemins et titre :

> « Lydie Bastien, qui demeure introuvable, connaît le secret de son amant. N'est-ce pas elle qui amena le chef de Résistance-Fer à trahir ? »

Dans le corps de l'article, un sous-titre reprend le soupçon nourri par Henri Frenay : « **Lydie était-elle un agent de l'ennemi ?** » En dessous, on peut lire :

« D'après certains initiés, Lydie Bastien n'aurait pas été réellement menacée pour l'unique raison qu'**elle appartenait déjà à un service de renseignement allemand.** »

Ce Soir, quotidien proche du PCF, titre de son côté : « L'arrestation de Lydie Bastien est imminente ».

Si quelqu'un connaît la responsabilité du chef du réseau Résistance-Fer dans les arrestations de Caluire, c'est elle, sa compagne pendant ces années noires. Alors que la Justice possède maintenant la preuve que Hardy a bien été arrêté par la Gestapo quelques jours seulement avant Caluire, Lydie Bastien va-t-elle encore une fois se porter garante de son amant ? Ou, au contraire, les faits vont-ils permettre de les confondre tous les deux ?

Mais les journalistes ont fait le pied de grue pour rien. Accompagnée de deux policiers, Lydie a bien pris, la veille, le train de Lausanne pour Paris. Mais, à 4 h 10 du matin, à la gare de Laroche-Migennes, trois hommes l'ont fait descendre de son wagon : un commissaire et deux inspecteurs de la Sûreté. Garée dans un chemin creux, tous phares éteints, une voiture attendait les voyageurs sous une pluie battante.

Le lendemain, *France-Soir* écrit :

« On avait décidé en haut lieu de soustraire la belle à la curiosité de la foule et à celle des journalistes. »

Le grand quotidien de l'après-guerre avait été mis dans le secret. Il a dépêché sur place un reporter et un photographe. A la une du numéro des 30 et 31 mars, la France découvre le visage de Lydie : celui de la honte et de la trahison ? Au journaliste de *France-Soir* elle déclare être persuadée que René n'est pas coupable et qu'elle vient à Paris pour le défendre et se justifier.

Impossible d'oublier le visage de cette femme. Lydie a tout juste vingt-cinq ans. Mais elle fait plus que son âge. Avec son ovale de madone et ses traits de gitane, elle a tout de la femme fatale : une abondante chevelure brune, souvent relevée en chignon, des lèvres pleines, un nez droit, et surtout des yeux immenses, profonds, qu'elle ourle de khôl sous des sourcils soigneusement dessinés. Avec ces yeux-là, Lydie affirme qu'elle peut hypnotiser qui elle veut. Homme aussi bien que femme. La question, aujourd'hui, relève aussi de l'Histoire : qui, en juin 1943, a succombé au pouvoir de ce regard ? Hardy, le résistant, le collaborateur de Frenay ? Sûrement. Mais n'y a-t-il pas eu aussi dans la vie de cette femme des « collabos » proches de Vichy, voire tel ou tel de ces Allemands qui menaient une guerre sans merci contre la Résistance ? Qui est cette Lydie que la presse a aussitôt qualifiée de « Mata-Hari de la Résistance » ? Un agent double ? Un agent triple ?... Elle sait que pèse sur elle le lourd soupçon qu'Henri Frenay lui a exprimé le jour où elle est venue lui demander son appui dans la défense de René Hardy, quelques semaines après l'arrestation de ce dernier. Soupçon qu'il réexprime ces jours-ci à la presse.

Lydie aime les bijoux. Sur la photo de *Samedi-Soir*, blottie dans un manteau de renard bleu, elle arbore un double rang de perles autour du cou et de lourdes bagues. Seuls les souliers plats attestent que la voyageuse n'effectue pas un déplacement mondain. Pour sortir de la gare de Laroche-Migennes, elle a pris le bras du commissaire dans une attitude presque complice. Il faut qu'on le sache : Lydie ne rentre pas à Paris en tant qu'accusée. Juste comme témoin. Au poste frontière franco-suisse, le journaliste de *France-Soir* a pu l'interroger. Elle lui a répondu sèchement :

> « Je rentre parce que j'en ai assez de cette campagne de presse mensongère. Je veux me justifier et défendre René Hardy. Bien des choses nous séparent, mais je témoignerai en sa faveur, car je suis persuadée qu'il n'est pas coupable. »

En réalité, Lydie est prête à tout, mais pour sauver sa propre peau. Y compris, on le verra, à charger son ancien amant. La vérité n'est pour elle qu'un élément accessoire à manier au gré de ses intérêts et d'un destin qu'elle s'est assigné une fois pour toutes comme exceptionnel. C'est peut-être la seule chose à laquelle croit cette femme. Elle est sur terre pour subjuguer, s'élever au-dessus du commun des mortels. Ne disait-elle pas d'elle-même qu'elle était une « perfection » ? Où a-t-elle puisé cette conviction ? cette obsession ? Dans l'amour d'un père qui l'adulait ?

Il convient de s'arrêter quelque peu sur l'histoire de ce père. Raoul Bastien est né en 1881 à Ohain, dans le Nord, au sein d'une vieille famille de filateurs. A l'issue de ses études secondaires au lycée de Valenciennes et après son baccalauréat, il est diplômé de l'École supérieure de commerce de Paris. C'est, pour l'époque, un très bon bagage. Avant la guerre de 14-18, il tombe amoureux de Blanche Boulangeot, qu'il épouse. Blanche décède à vingt-trois ans. Raoul est inconsolable et, pendant de nombreuses années, va s'incliner et prier sur sa tombe avec Suzanne, la sœur de Blanche, qui devient sa confidente et sa plus chère amie. Pendant la guerre, Raoul est versé dans les services de l'Intendance, puis, en juillet 1917, il est nommé interprète auprès des troupes anglaises en garnison en Bretagne. Il n'est alors pas loin de ses parents qui se sont réfugiés à Vitré. Il y rencontre une jeune veuve, Jeanne Bridier, qui tient un hôtel dans cette ville. Jeanne a une petite fille. Une amourette se noue, mais Raoul pense toujours à Blanche. Les deux amants se revoient après la guerre. Début 1922, Raoul se confie à Suzanne, la sœur de Blanche :

– Jeanne est enceinte. Qu'est-ce que je vais faire ? Qu'est-ce que je dois faire ? Elle n'est pas de notre milieu...

– Marie-toi, lui recommande Suzanne.

– Et Blanche ?

– Il est temps que tu tournes la page.

Raoul accepte le conseil et se marie avec Jeanne, tout en restant très proche de la famille de sa première femme, notamment de Suzanne. Il n'accepte pas la fille de Jeanne dans son foyer. Lydie naît à Paris le 22 août 1922. Elle est élevée dans deux familles : la sienne et celle de Suzanne, devenue Gascard. On peut facilement imaginer les frustrations et rancœurs qui vont s'accumuler dans le cœur de la mère de Lydie. Elle a bien compris que la femme qui comptait, c'était l'autre, la morte, et que son mari reportait tout son amour sur la petite Lydie. Elle en arrive vite à être jalouse de sa fille. Pour ne rien arranger, Suzanne habite tout près de chez eux. Les Bastien sont installés rue Nélaton ; les Gascard, avenue de La Motte-Picquet. Suzanne a une petite fille, Berthe, un peu plus jeune que Lydie. Pour celle-ci, Suzanne est « tante Suzanne ». Pour Berthe, Raoul, le père de Lydie, est l'« oncle », et Jeanne, sa femme, « tante Mimi ». Lydie semble préférer « tante Suzanne » à sa propre mère. Elle voue un véritable culte à son père qui l'appelle toujours « mon petit lapin bleu ».

Directeur administratif d'une société américaine de quincaillerie, Markt & C°, installée avenue Parmentier à Paris, celui-ci s'occupe de la revue interne, *Le Furet*, qu'il illustre de ses propres dessins. La reconnaissance de ses compétences et de son intégrité professionnelle l'a conduit à devenir juge au tribunal de commerce de la Seine. Lydie mène une vie bourgeoisc. Au lycée Molière, elle poursuit des études plutôt brillantes jusqu'à l'adolescence. Durant les vacances, elle se rend dans le Nord, au berceau de la famille Bastien.

Très tôt, la psychologie de la jeune fille se façonne autour d'un irréductible conflit : Lydie adore son père et déteste sa mère. Son père, elle en fera un dieu, une sorte d'initiateur, de « passeur » vers une vie d'exception. Dans la confession qu'elle rédige pour *France-Soir*[1], elle commence par évoquer ainsi ses jeunes années :

> « Mon enfance, passée à Paris, a été illuminée par l'affection exceptionnelle que me portait mon père [...] Je me souviens de ces intarissables conversations pleines d'enseignement pour moi et au cours desquelles il consacrait toute sa tendresse à former mon âme et mon esprit. Je suis encore en cet instant sous le charme de notre intimité, de laquelle se détachait la forte personnalité de

---

1. *France-Soir*, 3 avril 1947.

celui qui a marqué profondément mon être et dont le souvenir puissant a toujours inspiré ma façon d'agir. »

Quarante ans plus tard, dans une lettre au biologiste Rémy Chauvin[1] qu'elle félicite pour un livre sur les « surdoués » *(Dieu des fourmis, dieu des étoiles[2])*, alors qu'elle est plus que sexagénaire, elle revient sur « la chance inestimable d'avoir un père [que sa] chaleur humaine et [son] intelligence ont poussé à s'occuper de mon éveil spirituel dès ma plus tendre enfance. Ce qui a eu pour conséquence d'orienter ma vie entière vers des chemins non tracés à l'avance [...], c'est-à-dire de pure créativité ».

Une cousine de Lydie[3] confirme aujourd'hui le rôle joué auprès de celle-ci par son père, un homme, dit-elle, « remarquablement intelligent ».

En septembre 1943, ce père tant adulé sera arrêté par les Allemands et mourra des suites probables de cette arrestation. Après avoir lâché René Hardy, Lydie déclarera à un journaliste de *France-Soir* : « Il y a un mort entre Hardy et moi : mon père. » Le ton est dramatique ; il sied à une femme qui a toujours cherché à se mettre en scène. Mais rien de plus faux...

Nous n'en sommes pas encore là. En 1936, alors qu'elle atteint l'âge de quatorze ans, la vie de Lydie bascule. Sa mère, qui ne supporte plus le tête-à-tête filial, prend le prétexte d'une très sensible baisse des notes de

---

1. Lettre datée du 26 décembre 1988, qu'elle n'a d'ailleurs peut-être jamais envoyée.
2. Le Pré-aux-clercs, Paris, 1988.
3. Un certain nombre de membres de la famille de Lydie Bastien ont accepté de me parler, mais ont préféré ne pas être cités, pour d'évidentes raisons.

Lydie pour décider de la mettre en pension à l'école Notre-Dame-de-la-Couture, au Mans. « Naturellement, je savais bien que ma mère y avait été pour quelque chose, je devrais dire : pour beaucoup. Ma mère était une femme égoïste et jalouse. Elle était jalouse de l'amour que mon père me portait et de notre merveilleuse entente spirituelle, intellectuelle et affective », a-t-elle écrit dans le livre qui a été publié après sa mort.[1] Le père accepte donc de mettre le « petit lapin bleu » en pension. « Il n'a commis qu'une erreur à mon égard : ce fut d'abandonner à d'autres le soin de mon éducation », poursuit Lydie Bastien dans sa confession à *France-Soir*. Séparation d'avec le père, mais, plus encore, choc avec un milieu qui ne conçoit alors l'éducation des filles que comme une soumission forcée aux règles de la bienséance et de la religion.

A Notre-Dame-de-la-Couture, il n'y a pas place pour une personnalité de la force de celle de Lydie. Bien au contraire : il faut la casser. Elle en concevra envers sa mère une haine qui ne s'éteindra jamais. A la mort de celle-ci, en 1961, elle refusera de rentrer de New York, se contentant d'écrire à Daniel Bastien, le frère de son père : « Je ne veux plus en entendre parler. Et, pour les meubles, faites ce que vous voulez. » Sans doute Jeanne Bridier, épouse Bastien, ex-tenancière d'un hôtel d'Ille-et-Vilaine, avait-elle été de surcroît un personnage trop ordinaire pour sa fille.

---

1. Ce livre n'a été édité qu'en langue anglaise, en 1996, sous le titre : *The illumined mind of Ananda Devi. And her account of India and her experimental metaphysics*, Minerva Press, Londres. Voir le cahier d'illustrations hors-texte.

Au Mans, enfermée dans les murs du pensionnat Notre-Dame dirigé par les sœurs de la Charité d'Évron, Lydie se sent prisonnière. L'institution, fréquentée par les jeunes filles de bonne famille de la région, a été fondée à la fin du siècle dernier dans le cadre de l'hôtel de Hauteville, entouré de quelques bâtiments annexes et de grandes écuries. Une chapelle néogothique et le bâtiment principal de la pension – dit « le pensionnat » – sont adossés à l'hôtel où règne la supérieure, mère Marie-Françoise. Lydie s'y morfond :

> « Je fus soudain plongée dans un abîme de désespoir et sentis pour la première fois tout ce qu'avait de cruel la vie à la première séparation d'êtres chers. J'entrai au couvent du Mans, dans cette ville si proche de Paris et pourtant si lointaine à mon âme exilée... »

L'adolescente est déjà une fille délurée, prête pour l'aventure. Pas pour le couvent, ses offices religieux, son dortoir avec ses deux rangées de dix-sept lits surveillés par une religieuse. L'été, quand elle sort avec ses cousines, Lydie leur dit : « Regardez les hommes qui me regardent. » Ou encore : « On peut se marier à partir de quinze ans et trois mois », explique-t-elle à l'une de ses cousines alors qu'elle n'a que quatorze ans et songe déjà à cette solution pour pouvoir quitter le carcan familial. La même cousine, qui a été l'une des confidentes de Lydie quand elle venait à Ohain, poursuit :

> « C'était une fille étrange, très intelligente, très belle et très coquette. En quittant l'appartement de ses parents, elle s'arrêtait dans le vestibule où il y avait une glace et

où elle cachait une trousse de maquillage. Elle se pomponnait. Elle ne pensait qu'à courir les garçons. Avant de rentrer chez elle, elle s'arrêtait de nouveau dans le vestibule et se démaquillait. »

Au Mans, les seules visites de Lydie sont pour la chapelle ou pour le bureau de la mère supérieure qui ne cesse de reprocher à « la Parisienne » son attitude hautaine et son indiscipline. Pire : le jeudi après-midi et le dimanche, en rangs par deux, les pensionnaires de Notre-Dame s'exhibent dans les rues du Mans dans leur uniforme bleu marine, coiffées d'un ridicule petit chapeau breton. Un véritable calvaire pour Lydie : « L'intolérance et l'erreur qui m'entouraient et m'étaient imposées me choquaient au plus profond de l'être et entravaient mon propre développement », poursuit-elle dans la même confession. Les rencontres avec son père dans le grand salon tapissé de velours rouge réservé aux visiteurs ne sont plus que des échanges glacés qui se déroulent sous l'œil de la mère. Lydie se sent en permanence épiée par les religieuses, résolues à la faire rentrer dans le rang.

Elle a conçu dans ce « couvent » une haine quasi maladive, inexpiable pour la religion catholique, dont elle ne se départira jamais. Quelques années avant sa mort, elle était capable d'entrer dans une fureur noire quand elle voyait des crucifix ou des images saintes. Dans son livre posthume, elle revient souvent sur ce passage au Mans :

« J'étais tombée dans un goulag... Je comptais les minutes pour m'évader de ce théâtre de pacotille[1] ; puis, quand j'y étais, les heures qu'il fallait compter, les jours qui s'égrenaient et qui n'en finissaient pas, depuis le réveil à 6 heures du matin, la prière, la messe de 7 heures, celle de 10 heures, les Rogations, les Vêpres, le Salut, et l'on revenait vers 10 heures du soir totalement accablées, hébétées, épuisées.

C'était ridicule, grotesque, déconcertant et sans objet ; une perte sèche de temps. Comment se pouvait-il qu'il y eût des gens, jeunes ou vieux, pour trouver le moindre intérêt à ce genre de représentation granguignolesque, à cette atmosphère lourde, malsaine, totalement artificielle, stéréotypée, figée, sans la moindre vie, sans la moindre parcelle de vérité ?

C'était atroce. J'en sortais les nerfs en pelote, la révolte au cœur de ce qu'on m'obligeait à subir. C'était une inacceptable atteinte à ma liberté, une violence faite à mon être intime ; ce qui provoquait une colère intérieure que je devais cacher autant que faire se pouvait. Car dans ce concert universel d'onctuosité béate et de conponction servile, étudiée, aurais-je pu apporter une fausse note, la moindre désapprobation ?...

Les dragons noirs[2] se seraient immédiatement jetés sur moi en me traitant de "dénaturée" ou, pis encore, de "possédée du démon"... »

Encore aujourd'hui, quelques anciennes pensionnaires se souviennent d'elle. Ainsi sœur Renée qui parle

1. Lydie Bastien fait ici allusion aux pratiques religieuses qui lui étaient imposées avant d'aller au Mans.
2. Elle désigne ainsi les religieuses qui étaient habillées de noir.

de la « brune » Lydie qu'elle qualifie de « grande originale » :

> « Quand elle secouait son torchon après avoir épousseté son coin de dortoir, on aurait dit qu'elle avait un crabe dans les mains. »

Pour Mme Meslin, Lydie était « une belle jeune fille, une Parisienne qui n'était pas à sa place au pensionnat ». Jacqueline Loriot se rappelle aussi « son allure hautaine » :

> « Elle n'était pas comme nous. Elle n'en faisait qu'à sa tête. J'ai entendu dire qu'elle était venue pendant la guerre à Notre-Dame demander à être hébergée avec Hardy... »

Au Mans, Lydie Bastien a donc pris la religion et la plupart de ses servantes en grippe. Parce que la pratique religieuse était obligatoire, mais aussi du fait même de l'organisation de l'école, avec un professeur titulaire par classe qui devenait, pour les pensionnaires, une surveillante vingt-quatre heures sur vingt-quatre. Une animosité en début d'année se transformait au fil des jours en affrontement brutal. C'est probablement ce qui arriva à Lydie. Bien des années plus tard, elle parlait de la religion comme d'un anesthésiant destiné à calmer les angoisses, et se définissait elle-même comme un être libre, « non conditionné par la société et ses diktats ».

Les rigueurs de la pension ne convenaient pas du tout, en effet, au tempérament de Lydie. La jeune fille avait besoin d'émotions fortes. Pour les nourrir, elle n'avait que Mme Caroline, le professeur de musique, le seul membre du corps enseignant à trouver grâce à ses yeux. Elle lui a même rendu hommage dans ses confessions à *France-Soir* :

> « Un écho sensible vint à moi dans la personne d'une artiste incomparable et qui fut bien connue au Mans pour ses délicates compositions musicales : Madame Caroline [...]. Ce furent des heures d'évasion dans la simplicité de son cabinet de travail où je m'exerçais à interpréter et à déchiffrer l'âme de nos musiciens éternels. »

Cette femme hypersensible, qui ne supporte pas la moindre fausse note, ni même le moindre bruit, fait de la jeune Lydie son élève favorite. L'hagiographie que lui a consacrée l'institution lors de son décès en 1938 se termine par ces lignes :

> « La musique ouvrait un horizon nouveau, une perspective de lumière inconnue jusqu'alors dans l'âme des adolescentes [...] Quel adjuvant pour le Bien ! »

Trop simple... Dans le cas de Lydie, l'« adjuvant pour le Bien » consiste surtout à exalter chez la jeune fille une sensibilité qui la porte à se croire un destin exceptionnel. Comme celui de Léonie Van Houtte, par exemple, qui viendra en personne rendre visite aux pensionnaires de Notre-Dame quelques semaines avant la déclaration de guerre. Toujours dans sa confession à *France-Soir*, Lydie en fait un récit ému :

« Elle nous dit simplement quelle fut sa vie aux heures héroïques de 14-18. »

Au cours de la Grande Guerre, la Belge Léonie Van Houtte avait en effet organisé, avec Louise de Bettignies, un service secret de courrier entre la France et l'Angleterre. Faite prisonnière par les Allemands et condamnée à quinze ans de travaux forcés, elle avait réussi à s'évader. « Elle me révéla pour ainsi dire le secret attrait de la vie clandestine, faite d'une constante abnégation pour une noble cause », raconte Lydie. Habile jeune femme qui, pour la presse, à l'heure où de graves soupçons pèsent sur elle, ne retient dans sa biographie que ce qui compose l'image d'une héroïne prête à tous les sacrifices !

Lydie Bastien est soulagée par la guerre qui va la libérer de son « goulag ». Avant de passer son examen de première partie de baccalauréat, elle aussi se replie, comme des millions de Français. Elle se réfugie avec ses parents à Marmande et passe quelques semaines plus tard son examen à Agen. Avec succès. Elle prépare ensuite sa philo au collège mixte de Marmande. Fini, l'atmosphère étouffante du « couvent » ! Elle est devenue la vedette de la classe.

« Les professeurs ne m'interrogeaient même pas pendant les cours, assurant que je savais tout et qu'il était superflu par surcroît de le vérifier, et ceci grâce aux dissertations philosophiques que je traitais haut la main et avec sans doute une maturité d'esprit bien au-dessus de mon âge[1] ».

Lydie est toujours la première de la classe avec mention au tableau d'honneur et félicitations du conseil de discipline. « Tête des garçons ! » commente-t-elle... On est alors au printemps 1941. Elle a dix-huit ans. La France est vaincue, détruite moralement. Lydie Bastien, elle, triomphe. Que fait-elle alors jusqu'en février 1942, date à laquelle elle s'installe à Lyon ? Où est-elle ? Voyage-t-elle ? Qui rencontre-t-elle ? Elle affirme en continuant à se donner le beau rôle :

« Je cherchais, quoique bien jeune – j'avais alors dix-huit ans –, comment il me serait donné de communier, dans ce terrible soulèvement des consciences contre l'oppresseur, avec tous ceux qui se sentaient solidaires de la même et juste cause[2]. »

La vérité est sans doute fort différente. En réalité, Lydie est prête à toutes les aventures. A rallier n'importe quel camp, pourvu qu'elle y trouve de quoi assouvir son besoin d'absolu. C'est un esprit fort qui se croit doté de dons surnaturels. A l'époque, elle est déjà attirée par l'occultisme et les expériences de spiritisme, et connaît son pouvoir sur les autres. C'est en tout cas ce qu'elle décrit, quarante ans plus tard, dans la lettre qu'elle adresse à Rémy Chauvin :

---

1. *Op. cit.*
2. Confession publiée dans *France-Soir* déjà citée.

73

« Si je me réfère à ma propre expérience, étant encore très jeune, j'étais déterminée à ne pas passer mon existence entière dans l'ignorance quant aux questions primordiales relatives à l'origine de l'être, qui m'avaient été si habilement posées par mon père [...]. Je passe sur les péripéties du voyage qui s'étendit de mon enfance à mon adolescence. Quand l'événement s'est produit, fruit d'une longue et patiente recherche, j'avais tout juste dix-huit ans ; j'étais passée du monde des formes, de l'intellect, de la conscience ordinaire, dans celui de la Réalité essentielle. »

Que veut dire cette « Réalité essentielle » pour Lydie ? Tous ceux qui l'ont connue ont parlé de ses dons de médium, de sa faculté d'hypnotiser n'importe qui. La jeune femme faisait tourner les tables, en appelait aux esprits au cours de séances d'occultisme. Dans cette même lettre à Rémy Chauvin, elle décrit comment certains êtres sont prédestinés à être « des intermédiaires [...] afin que la volonté cosmique puisse enfin librement s'actualiser dans notre monde » :

« Ces êtres-là, je les appelle des travailleurs cosmiques. Un seul de ces agents cosmiques, une fois branché, ayant réalisé une symbiose avec le mental cosmique – dont procède la vision cosmique, responsable de toute création, véritable ouvrière de celle-ci et à laquelle rien ne résiste –, un seul de ces travailleurs, dis-je, est capable d'accomplir ce qui n'aurait jamais pu se faire sans le concours de cette force exceptionnelle. Imaginez ce que pourrait accomplir un groupe de ces êtres d'élite capables de remplir une telle fonction sur la Terre ! »

Des mots qui résonnent étrangement si on les replace dans un contexte où l'idéologie nazie tend à s'imposer par la force à l'Europe entière. Il ne s'agit pourtant pas là de propos d'une femme âgée qui commence à avoir l'esprit dérangé. On retrouve des témoignages sur les mêmes pratiques dans les portraits de Lydie brossés au moment du procès de René Hardy. Ainsi l'hebdomadaire *Samedi-Soir*, dans son numéro du 5 avril 1947, raconte comment, après-guerre, elle « battait régulièrement le rappel des esprits au cours de petites parties radiesthésiques dans deux ou trois salons d'Auteuil ». Le journal précise même que « deux académiciens assistaient avec assiduité à ces séances d'occultisme qu'elle présidait toujours avec une étincelante autorité ». Dans ce grand portrait de la « Mata-Hari de la Résistance », le même journal assure que « Lydie est bouddhiste, bouddhiste pratiquante. Convaincue que palpite en elle l'ombre dévorante d'une Cléopâtre, elle croit aux réincarnations ». Quelques années plus tard, la jeune femme effectuera d'ailleurs de nombreux séjours en Inde... et se prendra pour une réincarnation de la souveraine égyptienne !

Telle est Lydie à dix-huit ans, alors qu'elle va se retrouver au cœur de cette zone grise et glauque où se nouent souvent d'étranges liens entre camps adverses : une jeune fille révoltée contre toutes les règles morales et les attitudes moralisatrices que les religieuses de Notre-Dame ont tenté – en vain – de lui inculquer, une « survoltée » qui se voit un destin hors pair, une militante en parapsychologie qui ne se contente pas de rameuter les esprits, mais qui se croit le véritable agent d'une philosophie néo-nietzschéenne. Alors que la plupart des hommes et des femmes qui vont entrer en résistance le feront au nom d'un engagement pour le Bien contre le Mal absolu, Lydie reconnaît que ces mots n'ont pour elle aucun sens.

Ajoutons enfin – ce n'est pas le moins important – que Lydie est une grande séductrice. *Samedi-Soir* la décrit comme une « brune au teint clair, à la belle charpente, lascive, diaboliquement chatte, aux ondoiements d'Orientale ». A l'époque de ce portrait, Lydie a vingt-quatre ans et son tableau de chasse est déjà impressionnant :

> « Elle séduit dans toutes les professions : résistants, officiers français et américains, surréalistes, industriels, juges, gendarmes, témoins et faux-témoins. Ses armes les plus meurtrières sont ses yeux. Ses victimes disent qu'elle a quelque chose dans les prunelles... »

C'est donc armée de ses « prunelles » qu'elle est entrée dans les jeux de la Résistance. Sans la moindre idée de se battre pour une noble cause, contrairement à ce qu'elle affirmera plus tard. En revanche, elle aura eu tôt fait de vérifier la fascination qu'elle est capable d'exercer.

Elle rencontre René Hardy le 23 janvier 1943. Tous deux sont assis à quelques mètres l'un de l'autre au café des Archers, à Lyon, près de la place Bellecour. Ils se parlent d'une table à l'autre. Il la raccompagne chez elle. Hardy, patron du réseau Résistance-Fer, passe pour un « pur et dur ». En réalité, c'est une personnalité fragile, il est marqué par la mort d'un père alcoolique quand il avait vingt ans, incapable de communiquer et qui avoue lui-même avoir eu longtemps peur des femmes. Dans des notes manuscrites[1] qui lui servirent pour l'élaboration du manuscrit de ses *Derniers Mots*, sous le titre « Les femmes », il a d'abord écrit :

> « Les "femmes" et les "putains" furent mon problème : savoir les distinguer, c'est une épreuve, quoi qu'on en dise, fort difficile, et je n'osais croire le mot de Voltaire rapporté par Chamfort : "Elles sont toutes garces et putains". »

Puis :

> « En réalité, elles m'ont sans doute choisi. Malgré toutes celles que j'ai tenues dans mes bras, recherchées, le respect que j'avais de la femme ne m'a jamais quitté. Je ne les ai donc jamais très bien comprises (dans mes romans, elles jouent les révélateurs ou les utilités). Je n'ai pas lu Chamfort assez jeune et, à travers toutes mes expériences, un fond de respect puritain me fut fatal. »

De sa cellule, à l'automne 1946, il envoie des lettres[2] à René Lacombe, l'un de ses amis de réseau, dans lesquelles il se décrit lui-même comme « un homme orgueilleux et fier [...] qui sait souffrir comme le *Loup* de Vigny, mon poème favori quand j'étais jeune et qu'on me lançait des pierres ou qu'on me rappelait un scandale de mon père ivre. »

Jusque-là, il n'a connu que des déboires sentimentaux :

---

1. Archives Fayard.
2. Serge Klarsfeld a mis à ma disposition ces lettres qui font partie du dossier d'instruction du premier procès Hardy.

« Le drame et la fatalité ne se sont pas arrêtés à la mort de mon père [...]. J'ai voulu et désiré de toute mon âme une femme, un foyer, des enfants. J'ai subi une trahison épouvantable. J'ai failli, dans un autre long drame, perdre cette fierté, cette dignité par désespoir. Alors je me suis jeté à corps perdu dans la guerre, heureux de trouver dans le vieil enseignement de mon maître d'école, la France, mon vieux pays, l'aliment à une foi salvatrice. »

Cet homme tourmenté va être fasciné par Lydie Bastien. Pour la première fois, il ose se confier, raconter sa jeunesse. Il l'aime comme un fou. Il ne peut rien lui refuser. Lui, le refoulé, tient dans ses bras une femme comme il n'en a jamais rêvé. Il l'associe à son activité de résistance. Ses camarades émettent des réserves. Il n'en a cure. Lydie connaît toutes les « boîtes aux lettres » des correspondants de Hardy.

La première lettre[1] que René Hardy lui a écrite après sa première arrestation, en décembre 1944, révèle l'intensité de cette passion :

« Ma petite fille chérie

Encore un jour sans nouvelles de toi ! Un jour doulou-reux après d'autres, et, dans mon imagination, se meuvent la peur et le désespoir de te savoir seule, sans appui. A chaque minute, ton visage est dans mes yeux ; je ne pense plus qu'à toi avec une douloureuse acuité.

Toi, ma fierté, mon bonheur, mon espoir de chaque minute. J'attends ta première lettre comme un croyant le viatique. Avoir eu si peur pour toi dans le passé, ne

---

1. Publiée dans *Samedi-Soir*, 12 avril 1947.

t'avoir pas donné tout le bonheur auquel tu as droit, et maintenant avoir cette angoisse de la souffrance. Le brouillard qui pénètre par tous les pores n'est rien à côté de celui de mon âme [...].

J'écris, serré dans mon coin, dans le brouhaha des conversations. Je pense à notre malheureux destin. As-tu vu Pierre-Henri[1], que se passe-t-il ? Je voudrais tant te revoir, ma bien-aimée. Ta seule pensée me soutient. J'attends ta photo avec impatience. Si tu veux en avoir une de moi, va chez d'Harcourt[2] où sont les épreuves qui ont été faites en avril 1941.

Je m'excuse, mon amour, de te donner tout ce train, mais je vais te demander un gant de toilette, des allumettes et un agenda 1945 de poche, et de quoi écrire. Ma carte de tabac[3], c'est le chauffeur qui l'avait.

Les jours sont très longs à vivre, amour. J'ai appris la présence de Jean-Charles et de Jean[4] ; ici, tous les hauts personnages ont réussi à se mettre à l'infirmerie, ils y sont mieux et il fait moins froid. La Justice est toujours humaine pour les grands, à moins que les grands ne soient tous très habiles ou vraiment malades...

Ma tendre chérie, je préfère évoquer ton visage, les heures claires du passé, la souffrance aussi. Souviens-toi, mon amour, des heures douces et quelquefois angoissées du Périgord[5], les petits plats, tout le tiède amour dont tu m'entourais, les grands feux dans la cheminée, et toi assise près, tout près de moi. Oh, mon chéri, que ce bonheur nous aide à supporter les épreuves du présent ! »

---

1. Il s'agit de Pierre-Henri Teitgen, le garde des Sceaux de l'époque.
2. Fameux studio tirant les portraits « léchés » des figures de l'actualité.
3. Il s'agit d'une carte permettant de toucher ses « rations » en période de restrictions.
4. Probablement deux « collaborateurs » qu'ils connaissaient tous deux.
5. Les deux amants se sont cachés à Sarlat au mois d'octobre 1943.

Citons quelques autres passages de lettres[1] enflammées de René Hardy. Dans l'une d'elles, il l'appelle son « petit lapin bleu », comme le faisait son père :

> « Vois-tu, mon petit lapin bleu, j'ai à chaque lettre la même émotion en l'ouvrant, la même intense bouffée de joie, d'inquiétude, de tendresse, d'attente du contenu comme, adolescent, quand je recevais une lettre de chez moi... »

Dans une autre, six mois après son incarcération, et quatre mois après sa dernière visite, il rêve encore de l'enfant qu'ils auront ensemble :

> « Oui, je pense à l'avenir, à notre avenir, ma bien-aimée, je rêve de toi, de cet enfant que nous aurons, car nous sommes au commencement de tout. Je sais ce qu'il faut à un enfant, j'ai tant souffert : il aura la chance d'avoir la plus délicieuse maman du monde, ce sera un petit bonhomme richement fier d'avoir une telle maman, tu sais [...]. Dans cet abominable chaos, seule subsiste cette grande lumière de notre amour. Il nous faut attendre la marche du destin de toute notre énergie, quelles que soient les heures sombres, pour ne pas se laisser aller. »

Face à cet amour fou, qu'en était-il de celui de Lydie ? A-t-elle partagé son combat ? C'est en tout cas ce qu'elle écrit dans sa confession à *France-Soir*[2] :

---

1. Publiées également dans *Samedi-soir* du 12 avril 1947.
2. Confession déjà citée dans *France-Soir* du 3 avril 1947.

« Je fus éprise de lui dès notre première rencontre, et il fut bien – puisqu'on se l'est demandé – mon premier amour. Son rayonnement alors était incontestable et cet enthousiasme que je lisais dans ses yeux me rappelait les paroles simples de Léonie Van Houtte. »

Pour relativiser ces affirmations de Lydie, il n'est pas inutile de savoir que sa propre mère fut offusquée par cette confession.

Dans le même article, Lydie poursuit :

« Soucieux de ma sécurité et voulant m'épargner sans doute la vie dure qu'il s'imposait, il [René] refusa, les premiers temps, de m'accorder l'occasion de me dépenser pour la cause à laquelle il avait consacré tout son être. Puis [...], peu à peu, il céda à mes instances et je réussis à taper secrètement au bureau de mon père des rapports sur l'activité de son service, ou son appel aux cheminots de France qui devait être lu à la radio de Londres au printemps de 1943. »

Rappelons-le : quand elle fait ces confidences, Lydie est entendue par la Justice militaire. On lui reproche d'avoir dissimulé lors du premier procès de René Hardy le fait qu'elle savait que celui-ci avait été arrêté par la Gestapo quelques jours seulement avant Caluire. Elle doit donc se « blanchir » : ses déclarations d'amour lui permettent au passage de se décerner un brevet de Résistance. Comment aurait-elle pu douter d'un homme qu'elle aimait tant et qui passait à ses yeux pour un héros ?
La réalité des relations de Lydie avec les hommes est en fait très loin de coïncider avec cette image parfaite.

L'amour, chez elle, relève plus de la carrière que des sentiments. Menant le plus souvent plusieurs liaisons de front, elle tire de chacune d'elles ce qui peut servir ses ambitions et sa volonté de pouvoir. Hardy lui a permis de vivre intensément les déchirements politiques de la guerre. A la Libération, elle se sera attachée à des causes plus prosaïques : l'argent et l'entregent seront devenus ses principales motivations...

Aux lettres enflammées de René Hardy depuis la prison de Fresnes ne font écho que réponses et visites de plus en plus espacées. Déjà, à la Pentecôte 1945, il se plaint de son silence : « Ma pensée est vide et martelée sans cesse par cette obsession. » Bientôt il l'appellera « Lydie des Silences ». Heureusement qu'il ignore la vie que mène alors son « petit lapin bleu » !

Samedi-Soir révèle au grand public[1] une partie de la carrière amoureuse de Lydie Bastien, notamment grâce aux confidences d'un homme qui croyait lui aussi partager la vie de Lydie au moment même où René Hardy se consumait pour elle à Fresnes.

« Des femmes comme Lydie Bastien, il en naît peu au cours d'un même siècle », prévient le journaliste qui a retrouvé de nombreux témoins. L'enquêteur explique d'abord que Lydie a fait souffrir René dès le début, car elle lui était infidèle. Il rapporte une anecdote datant du temps où le couple était à Alger. Les deux amants allaient souvent à la plage, mais, ne sachant pas nager, le baroudeur restait rageusement à barboter sur le bord tandis que Lydie crawlait vers le large en compagnie de beaux garçons.

---

1. Livraison du 5 avril 1947.

« Et, quand il apprenait qu'elle l'avait trompé, il cachait sa douleur, mais dans ses yeux de malade brillait un éclat de sombre et féroce passion. [...] Non seulement elle le trompait outrageusement, mais elle se comportait envers lui avec une assez cruelle brutalité. »

Samedi-Soir raconte comment la « Lydie des Silences » rencontra en mars 1946, sur la ligne de métro Montreuil-Porte-de-Saint-Cloud, un écrivain surréaliste qui, à son tour, devint fou amoureux d'elle.

Ernest de Gengenbach s'était fait connaître dans le petit cercle surréaliste par la publication d'une de ses lettres, envoyée de Gérardmer le 10 juillet 1925, dans le cinquième numéro de *La Révolution surréaliste*[1] dirigée par Louis Aragon et André Breton. Il y racontait qu'abbé chez les jésuites à l'externat du Trocadéro, il avait ébauché une aventure amoureuse avec une jeune actrice de l'Odéon et avait été renvoyé et bientôt interdit de soutane. Celle qui n'était pas encore sa maîtresse l'avait alors laissé tomber. Neurasthénique, il était devenu nihiliste et avait lancé des anathèmes contre ceux qui avaient ainsi brisé sa carrière : « Race de misogynes, de sépulcres blanchis, squelettes déambulants !... Ah, si le Christ revenait !... » Il avait ensuite tenté de se jeter dans le lac de Gérardmer, mais y avait renoncé... Puis il avait échangé une correspondance avec André Breton. Le numéro 5 de *La Révolution surréaliste* comportait plusieurs lettres de l'abbé, dont une écrite de Solesmes où il faisait une retraite à l'abbaye bénédictine :

---

1. Rééditée par les éditions Jean-Michel Place en 1975.

« ... Le père abbé a une petite calotte violette sur la tête... Les moines sont noirs dans les couloirs...

Une barque immobile sur la Sarthe...

Nostalgie de Paris : ici, rien d'imprévu, pas d'événement, rien de nouveau...

Dieu ! Ici ils consument leur vie pour y aboutir...

Rien ! Être assis à une terrasse de café, boire, fumer, rêver... »

Dans le métro, l'ex-abbé a sur les genoux une pile d'exemplaires d'un numéro de l'hebdomadaire littéraire *Paris, les arts et les lettres*. Il biffe d'un trait rageur un « Eugène » et le remplace par un « Ernest » au bas d'un article qu'il a lui-même signé, en réponse à Bernanos, à propos de la « bombe atomique et de la fin du monde ». Il raconte :

« Tout à coup, il m'a semblé que je recevais un coup sur la nuque. J'ai levé les yeux et je suis resté interdit : il y avait en face de moi la plus belle femme du monde. Elle me regardait, elle me souriait. Elle me regardait d'un regard comme je n'en ai encore jamais vu et comme je n'en verrai plus jamais. Un regard de démone... J'éprouvais une violente envie de lui parler, mais aucun son ne sortait de ma bouche. »

Au Trocadéro, la dame descend. Que va faire Gengenbach ? Il sort sur ses talons et, avisant un louveteau, lui demande de porter à « cette dame qui s'en allait là-bas dans ses fourrures » un exemplaire de la revue sur laquelle il a griffonné son adresse et ces mots : « En hommage admiratif de l'auteur. »

Quelques heures plus tard, il reçoit un pneumatique signé de « Lydie Hardy ».

Cette histoire commencée dans le métro l'a si bien marqué qu'il lui a consacré tout un chapitre d'un livre intitulé *L'Expérience démoniaque*, publié en 1949 par les Éditions de Minuit. La beauté de Lydie avait frappé une fois de plus ! Sur la couverture du livre, une femme ressemblant à Lydie Bastien et, au-dessous de son visage, un abbé en chasuble, les mains et le regard tendus vers le ciel ou bien vers elle. Gengenbach y esquisse un beau portrait de luciférienne qui permet de mieux cerner la personnalité de la « fiancée » de René Hardy.

Celle-ci lui a donc écrit :

> « Vous ne pouviez trouver plus charmant messager que votre petit louveteau. Je n'avais pas été sans me rendre compte de votre manège, dans le métro... et j'en étais volontairement complice, car je sentais confusément entre nous des affinités métaphysiques, esthétiques et érotiques. »

Suit un long commentaire occulto-métaphysique de l'article de Gengenbach ; Lydie y parle de ses « maintes expériences de lucidité et de clairvoyance sur des sensitifs », affirme que « l'avenir, dans certaines conditions psychiques, et avec certains individus, n'est plus une énigme, mais une réalité dont on peut obtenir l'image par simple photographie, en dehors même de la loi du Temps ». Elle le critique pour son esprit religieux et exalte « le véritable esprit réaliste, en matière de métaphysique », que l'ancien abbé ne possède pas. Cet esprit dont elle fait l'apologie résonne étrangement en ces lendemains de guerre :

> « Celui qui a conscience de l'évolution des Êtres et de son Être dans cette lente ascension vers l'Absolu... en dehors du Temps et de l'Espace... en dehors du joug de la loi du Bien et du Mal... »

On ne peut pas se placer plus clairement en marge des règles morales au nom d'une destinée particulière. Il y a d'ailleurs certains points communs entre Hardy et Gengenbach : comme le résistant du réseau Fer, l'écrivain est un individu tourmenté, attiré à la fois par Dieu et par la Femme qui le rejette toujours parce qu'elle n'est ni Vierge ni Putain. Ernest de Gengenbach hésitait à s'« ensevelir au monastère [tout en étant] cependant passionnément attiré par la Vie et par... la Femme ».

Il lui écrit aussitôt :

> « Votre réponse était devenue une sorte d'enjeu entre Dieu et moi, ou, si vous préférez, une suprême et désespérée tentative d'avoir la preuve de la Présence du Surréel, de l'Éternel dans mon éphémère et terrestre et tourmenté destin. »

Les charmes de Lydie feront en tout cas oublier définitivement à Gengenbach sa vocation religieuse. « Bref, je suis un contemplatif qui attend sa révélation par la manifestation dans sa vie de l'Éternel féminin », lui écrit-il encore. Cette lettre se conclut par une « drague » en bonne et due forme :

« Moi aussi, je cherche désespérément l'Identification, la Réintégration dans mon Tout Éternel Harmonieux... Je désire vous voir d'urgence avant de prendre une décision définitive au sujet de mon itinéraire spirituel !... »

Il lui demande de se déplacer à 14 heures, telle qu'elle était quand il l'a rencontrée. « Sinon, ayez la bonté de me téléphoner entre 2 et 3 heures à Auteuil 64-42... »

Elle téléphone et débarque dans le studio... une demi-heure plus tard. Une semaine après, « tout était consommé ». L'écrivain croit à une folle passion et commence à souffrir dès qu'elle annule un rendez-vous. « Mon travail littéraire n'arrive pas à m'absorber ni à me distraire. L'amour m'appelle ailleurs. Reviens ! » Il se plie à tous les caprices de sa maîtresse. Elle exige. Il obéit. Lydie veut écrire. Il lui ouvre les colonnes de *Paris, les arts et les lettres* où elle signe ses articles sous le pseudonyme « Flory d'Estabric ». Ce qu'elle écrit est d'inspiration furieusement nietzschéenne. Elle a besoin d'argent. Il lui en donne, engloutissant ses 300 000 francs d'économies à satisfaire ses désirs. Elle veut connaître les célébrités parisiennes. Il lui présente ses amis surréalistes. Un jour, à sa demande, il lui faudra même convaincre le compositeur Olivier Messiaen de donner un récital uniquement pour elle :

« Je ne serai à toi que lorsque tu auras obtenu ce que je te demande ! »

Un dimanche, après la dernière messe paroissiale, la belle aura droit à un *Dies Irae, Le Duel de la Vie et de la Mort*, interprété par le maître aux orgues de l'église de la Trinité.

Cela n'empêchait pas Lydie, dans le même temps, de donner libre cours à ses sentiments antireligieux. Chaque fois que Gengenbach, l'ancien séminariste, tente de lui exposer sa foi, elle menace de le quitter.

Il désire l'épouser, mais ne comprend pas qu'elle ne veuille jamais dîner avec lui. Quand il lui en demande la raison, elle le prie de ne point la questionner sur le « mystère de sa vie ». Finalement, elle consent au mariage à condition qu'il se débarrasse de sa « formidable empreinte ecclésiastique » :

« Il faut que vous en finissiez avec votre stupide fétichisme qui fait qu'on trouve chez vous rosaires et madones ! »

Et, joignant le geste à la parole, elle se met à lancer brutalement par terre tous lesdits objets qui lui tombent sous la main.

Quelques jours après cette explosion d'hystérie iconoclaste, Lydie lui expose les raisons de cette attitude : une véritable « profession de foi » qui permet de comprendre les motivations profondes de ses comportements et de ses actes[1] :

« C'est votre catholicisme qui vous handicape dans l'existence. Sachez donc que, si vous n'êtes pas ambitieux, littérairement et cinématographiquement, moi, je désire réaliser socialement mon rêve. Vous avez fait de l'occultisme quand vous étiez surréaliste, vous avez dû vous occuper de satanisme et de magie noire... Or

_____

1. *L'Expérience démoniaque, op. cit.*

l'occultisme est la chose qui me passionne le plus. Tout ce qui brise les barrières du Temps et de l'Espace, tout ce qui nous permet, par la voyance, la médiumnité, la radiesthésie, de prendre conscience des forces considérables que nous avons en nous à l'état latent, et de triompher des obstacles que font surgir, devant notre marche à l'Absolu, les événements et les hommes, tout ce qui restitue notre vraie stature, voilà ce qui constitue pour moi les plus valables raisons d'exister. La condition humaine n'est qu'un moment de la Grande Existence. **Les hommes ne sont que des pions d'échiquier, marionnettes à manœuvrer** ; les événements, même les plus tragiques, que des signaux pour celui qui a compris que la vie est avant tout un moyen de connaissance ! »

Gengenbach la traite de « luciférienne ». Il a renoncé au mode de vie surréaliste et n'entend pas se désavouer. Mais Lydie ne lui laisse pas le choix. Alors qu'on lui demande de réécrire un scénario dans lequel une femme, Flory, fleur du Mal, qui a signé un pacte avec Satan, pousse un prêtre au sacrilège et au suicide, elle exige d'incarner le rôle de la femme. Il accepte et modifie le scénario dans la perspective de sa rencontre avec Lydie-Flory. Gengenbach décrit ainsi sa diabolique maîtresse :

« Universellement connue pour son extravagance et sa beauté fatale, la jeune star avait déjà autant de vies brisées et de ruines à son actif que de perles à son collier. Elle exigeait de tout homme épris d'elle qu'il l'aimât à la folie jusqu'à en perdre la raison et la vie. Ses yeux pers chargés de maléfique magnétisme exerçaient une fascination irrésistible sur celui qui les fixait. Mais, sous son voluptueux visage, Flory cachait une âme ténébreuse de vampire, une âme onduleuse et glaciale de reptile[1]... »

Tandis qu'il écrivait ces lignes, elle évoluait dans le Tout-Paris et « Flory » était désormais partie de son nom de plume. Elle poursuivait ses séances de spiritisme dans quelques salons d'Auteuil, se livrait à des séances d'hypnose et subjuguait de plus en plus Gengenbach en réussissant à lui faire passer ses violentes migraines.

L'écrivain amène Lydie à une soirée, rue Saint-Didier, dans le somptueux appartement du prince G.K. Comnène, descendant des empereurs byzantins et fils naturel, dit-on, de don Carlos, duc de Madrid. Son salon est couru par les artistes et les originaux de tout poil. Lydie a chaussé des cothurnes grecs et est vêtue de velours frappé noir. Au cours du repas, il est question d'un vice de Louis XV consistant à verser du champagne sur les pieds nus des jolies femmes, puis à les faire lécher par son hôte. Lydie quitte ses cothurnes et prend un évident plaisir à se faire lécher les orteils par le prince...

L'ancien abbé ignore toujours que Lydie reçoit des lettres enflammées de René Hardy. Un jour, elle apprend enfin à son nouveau fiancé qu'elle est la femme d'un des chefs de la Résistance, injustement accusé de trahison. Il se fâche. Elle le rassure :

– Je ne l'aime plus... Soyez sans crainte ! Je serai votre femme. Aidez-moi seulement à le faire libérer, puis nous pourrons réaliser nos rêves conjugaux et littéraires.

L'écrivain remue ciel et terre pour venir au secours de son « héros en geôle », puis la foudre lui tombe sur la

---

1. *Ibid.*

tête : il téléphone un jour à un numéro que Lydie lui a confié, pour prendre de ses nouvelles, et tombe sur un individu qui désire le voir rapidement pour lui parler de la jeune femme. Un quart d'heure plus tard, un homme âgé, au visage couperosé, richement vêtu, frappe à la porte de son studio. Il est hors de lui :

– L'un de nous deux est de trop dans la vie de Mme Hardy !

– C'est vous, parce que vous êtes vieux et laid, riposte l'écrivain.

– C'est vous, parce que vous êtes pauvre et que je suis très riche, extrêmement riche ! renchérit l'autre.

A cet instant, le téléphone sonne. C'est Lydie. Gengenbach saisit le premier l'appareil.

– Je suis très en retard, mon cher amour, déclare-t-elle placidement.

– Vous m'avez encore menti ! explose l'ancien abbé. Il y a un troisième homme dans votre vie !

– Ah, le vieux ? s'écrie-t-elle. Comment voulez-vous que je vive ? Il me fallait quelqu'un pour financer les colis. Ils coûtent cher... Mais rassurez-vous, le vieil imbécile est complètement envoûté. Je le jetterai par la fenêtre après le procès. J'attends l'héritage de mon père. Nous pourrons alors vivre sagement et poursuivre, vous et moi, nos belles carrières...

Lydie ignore que « le vieux » a tenu l'écouteur et tout entendu !

Elle va néanmoins quitter Gengenbach et vivre un certain temps avec « le vieux », jusqu'au jour où celui-ci sera arrêté pour Collaboration économique.

Pendant ce temps, Hardy attend en vain lettres et visites. Peu avant le procès, elle reprend néanmoins contact avec le prisonnier de Fresnes pour préparer et gagner sa cause. Pas par amour pour lui, mais par intérêt personnel bien compris : elle n'ignore pas qu'en cas de condamnation de René, elle-même risque gros...

Après les aveux de Hardy, le problème change du tout au tout pour Lydie Bastien. Quelques heures auparavant, elle affirmait encore qu'elle allait rentrer de Suisse pour le défendre. A présent, elle se refuse à couler avec lui. Habilement, elle va prétendre qu'elle a connu la vérité bien après la guerre, à la fois en menant sa propre enquête et par la lecture d'une lettre que son « fiancé » lui a envoyée de Fresnes, le 6 mars 1945[1]. Le coup qu'elle lui assène pendant les quarante-huit heures qu'elle passe rue des Saussaies est mortel. Avec un culot extra-ordinaire, elle affirme que le doute s'est infiltré dans son esprit quelques jours après l'« évasion » de René, dans la nuit du 7 au 8 juin. Un doute qui n'a cessé de s'amplifier :

« J'eus sur l'affaire de Caluire de nombreux détails. Depuis plusieurs jours, les Allemands avaient truffé de leurs agents ce faubourg lyonnais. Ils savaient qu'une réunion importante devait se tenir, mais ce qu'ils ignoraient encore, c'était sa date. Hardy, qu'ils avaient relâché à condition qu'il les laissât le suivre, leur indiqua celle-ci et les conduisit dans la maison où elle se tenait.

Deux heures avant l'arrestation de l'état-major de la Résistance, il se trouvait dans les locaux de la Gestapo... Les Allemands, d'ailleurs, le surveillaient de très près. Il

---

1. Citée *supra*, chapitre III.

était tenu, en effet, d'aller coucher tous les soirs à l'École de Santé, siège de la police allemande[1]... »

Après ce coup de Jarnac, le journaliste de *France-Soir* qui a obtenu l'exclusivité des déclarations de Lydie relève que, malgré ses quarante-huit heures d'interrogatoire, elle garde le sourire, et il se met, comme tous ceux qui l'ont approchée, à évoquer ses yeux...

Elle part se reposer chez Mme Fénéant, l'amie fidèle, à Villeneuve-le-Roi où elle a déjà pris rendez-vous avec des journalistes de *France-Soir* qui ont réussi à négocier un « gros coup » avec elle. Lydie Bastien vend sa confession dont la publication commence le 3 avril, soit cinq jours après son arrivée à Paris en provenance de Lausanne. Avec, sur quatre colonnes à la une, cette déclaration : « Je fus éprise de René Hardy dès notre première rencontre », illustrée par une belle et grande photo où l'on ne voit que ses yeux, son collier à double rang de perles et ses bagues...

---

1. Interrogatoire de Lydie Bastien, le 29 mars 1947, par le lieutenant-colonel Wilhelm.

VIII

Frenay expose publiquement
ses soupçons

Lydie Bastien ayant envahi la une des journaux après les aveux de René Hardy, les journalistes se tournent une nouvelle fois vers Henri Frenay, l'ancien patron de Combat, qui vit l'affaire comme un véritable drame personnel dans la mesure où il a accordé sa confiance à Hardy. Il ne supporte pas l'idée de cette trahison et est persuadé qu'il ne s'est pas fondamentalement trompé sur l'homme. Celui-ci n'a pu que trahir à cause de « cette » femme. Cela fait bientôt trois ans qu'il nourrit les plus graves soupçons envers Lydie Bastien. Mais il se décide maintenant à les mettre pour la première fois sur la place publique. Dans *L'Aurore* datée du 28 mars il déclare que Lydie Bastien lui a toujours paru « douteuse ». Mais c'est dans *Quatre et Trois* du 3 avril 1947 qu'il expose longuement sa suspicion sous le titre : « Mauvais ange de René Hardy, la "Belle Lydie" qui jamais ne l'aima l'a conduit à l'abîme » :

> « L'affaire Hardy restera dans l'esprit de ceux que n'aveugle pas la passion comme l'épisode le plus

douloureux de la Résistance française. Jamais, peut-être, n'ont été aussi intimement mélangés, chez les acteurs et les témoins, l'héroïsme et la trahison, la générosité et la haine, l'espoir et la déception, la douleur et la joie [...]. Hardy a menti, c'est désormais un fait acquis. Mais il a menti sciemment, avec opiniâtreté. Il faut en chercher les raisons, car ce sont elles qui permettront de pénétrer au cœur du problème. Il n'en est qu'une à mes yeux : dissimuler sa véritable culpabilité, que ce soit la sienne ou celle d'une personne le touchant d'assez près pour qu'il risque pour elle ce jeu dangereux qui risquait de le mener tout droit au peloton d'exécution [...].

Si l'on admet alors – et c'est son passé qui parle – que Hardy ne soit pas homme à devenir un traître à gages dont l'ennemi soit suffisamment sûr pour lui rendre immédiatement son entière liberté de mouvement, il devient clair que Hardy, matériellement libre, libre de s'enfuir, libre de parler à ses camarades, est contraint au silence, contraint de donner l'impression de "jouer le jeu" par un moyen de chantage puissant dont les Allemands peuvent à leur gré user contre lui.

De quelle puissance dispose donc la Gestapo pour contraindre à cette attitude un homme dont nous connaissons le courage et la valeur [...] ?

A-t-on fait un chantage sur sa famille ? Hardy est seul au monde et ne peut rien redouter de ce côté. En revanche, il a fait la connaissance peu auparavant, et dans des conditions que j'ignore, de Mlle Lydie Bastien qu'il compte épouser et pour laquelle il montre une passion brutale. Quels renseignements a-t-il sur elle ? Voilà ce que nous ignorons et qu'il faudrait éclaircir.

N'a-t-elle pas été arrêtée avant le 7 juin à l'insu même de son mari ? N'est-elle pas devenue un agent et Hardy n'a-t-il pas appris à ce moment le rôle que joue

effectivement celle qu'il aime passionnément ? Ne le
contraint-on pas à son tour à devenir un agent sous peine
de voir le rôle que joue Lydie révélé à la Résistance ?
Craignant pour sa femme qu'il ne peut parvenir à haïr
tant sa passion est forte, il fait mine d'accepter le marché,
se promettant d'échapper avec elle au chantage auquel il
est soumis. Désormais, leur sort est lié, un pacte tacite
va se conclure entre eux, dans lequel le ménage décide
de faire front ensemble, sur deux fronts, aux deux
dangers qui les menacent : le danger allemand et le
danger de la Résistance, l'un et l'autre pouvant mener à
la mort et au déshonneur [...].

J'ai la conviction profonde, à la suite des aveux qu'a
faits Hardy, que c'est dans cette direction qu'il faut chercher. Une telle hypothèse reçoit encore un supplément
de force quand on sait avec quelle ténacité Lydie a tout
fait pour tenter de sauver un amant qu'elle n'aime plus,
et que peut-être elle n'a jamais aimé, un amant qu'elle
bafoue et abandonne presque à sa sortie de prison,
comme si, les obligations réciproques ayant été remplies
– silence d'un côté, renforcement de la défense, de
l'autre –, elle se sentait dégagée de toute obligation... »

Alors que le colonel Paillole n'a pas trouvé la preuve,
en 1944, de liens entre Lydie Bastien et les Allemands,
que sait Frenay pour émettre publiquement l'hypothèse
que celle-ci aurait pu être un de leurs agents ?

IX

« Je peux hypnotiser qui je veux ![1] »

Lydie Bastien n'a que faire des soupçons d'Henri Frenay. Elle, l'ambitieuse, a atteint un des objectifs de sa vie : connue du grand public, elle est désormais une vedette dont tout le monde a vu la photo. Elle reçoit des centaines de lettres par jour depuis la publication de ses confessions dans *France-Soir*. Le célèbre photographe Walter Carone l'immortalise pour *Point de vue* qui lui consacre trois pages, dans son numéro du 17 avril 1947, sous le titre « Lydie intime ». Elle y joue à la candide :

> « Notre reportage a pour but de montrer, en images, la vie de celle qui fut, à contre cœur, une vedette de l'actualité [...] On croit deviner, dans le sombre éclat de ses yeux, un secret beaucoup plus extraordinaire : peut-être celui de l'Au-delà... »

La légende d'une photo insiste sur le fait qu'elle pourrait rivaliser avec les plus parfaites pin-up, « mais elle

---

1. In *Point de vue*, 24 avril 1947.

déteste la publicité, et celle qui fut la sombre égérie du colonel Hardy ne souhaite qu'une chose : oublier ».

Lydie n'est plus à une contradiction près : le magazine *Point de vue* annonce qu'elle livrera dans un prochain numéro ses certitudes sur les sciences métapsychiques à l'étude desquelles elle s'est consacrée depuis deux ans !

Une semaine plus tard, effectivement, l'hebdomadaire consacre encore deux pages à la belle Lydie sous le titre « Je peux hypnotiser qui je veux ! ». Une page traite de son enveloppe charnelle ; deux photos l'y montrent nue[1] dans sa baignoire.

> « On a beau être médium, on ne saurait vivre uniquement de métaphysique et de sciences occultes. Lydie Bastien apporte à la toilette de son enveloppe charnelle (d'une perfection enviable, si l'on en juge par ce document) autant de soins qu'à son corps astral (invisible sur la photo). Notre reporter indiscret l'a surprise dans sa baignoire... »

Elle a fait croire à sa famille, choquée par ces clichés, que le photographe avait cassé un carreau pour les prendre.

L'autre page est un texte de Lydie Bastien que je reproduis intégralement afin de permettre au lecteur de pénétrer un peu plus avant dans son « monde » :

> « Ce n'est pas ni dans le but de satisfaire la curiosité publique à mon égard – d'ailleurs honteusement et systématiquement abusée –, ni même dans l'intention de

1. Voir le cahier d'illustrations hors texte.

redresser les erreurs de jugement que l'on a faites à mon endroit que j'ai accepté d'écrire cet article.

Mon unique préoccupation, en faisant le récit d'expériences personnelles en métapsychie, est de donner au public les éléments de "gratitude" – ceux que gardent jalousement les initiés – indispensables à une conduite rationnelle de la vie.

Que le lecteur sache que ce furent ces expériences qui m'ont permis de combler l'attente douloureuse de ces deux années et de retrouver un équilibre de vie !

J'avais, très jeune, dirigé mes lectures sur les récits passionnants d'expériences d'hypnotisme, de somnambulisme, etc., qui semblaient permettre de pénétrer le mystère de nos origines et de notre évolution. Mais ce domaine échappait totalement à mon investigation. Il fallait croire à ces récits, et je n'étais guère plus avancée.

Un jour, devant une vitrine de libraire, mon regard tomba sur un livre au titre suggestif qui attira tout de suite mon attention : c'était un traité de magnétisme.

Je recherchais la technique de l'hypnotisme. Elle y était très simplement exposée, mais ce fut suffisant. On y lisait ce qu'était une passe magnétique. On disait quels étaient les effets du regard "concentré" sur un sujet, on y parlait de charge magnétique, etc.

Un jour de 1945, chez des parents, j'avisai une de leurs amies, au regard étrange, et lui demandai de me servir de "sujet". Je commençai l'expérience sur-le-champ, essayant d'extérioriser le plus de force possible – pour autant que je pouvais d'ailleurs en connaître, à cette époque, les moyens.

Au bout de quelques minutes, sa tête s'alourdit sur ses épaules, sa respiration devint plus profonde. Je fus étonnée d'un tel résultat : sommeil naturel ou sommeil magnétique ? Faisant appel à mes lectures, je l'appelai par son nom. Elle fit un son rauque de la gorge, sans se réveiller. Je lui ordonnai de se lever, ce qu'elle fit après un certain temps. Avec l'émotion que l'on imagine, je lui ordonnai d'aller me chercher un verre d'eau. Elle avança vers la cuisine (elle connaissait l'appartement) avec une démarche d'automate. La suivant avec appréhension, je la vis prendre un verre dans le placard, se diriger vers le robinet et remplir le verre, qu'elle me tendit. Je constatai qu'elle semblait figée. Je lui demandai l'heure. Elle répondit avec précision.

Mais j'avais hâte d'aller plus avant et pensai avec force à une amie, Mlle C..., demandant à mon "sujet" (qui s'appelait Mme P...) si elle pouvait me dire ce que Mlle C... était en train de faire. Après un temps assez long, Mme P... répondit qu'elle la voyait prenant le thé dans un salon de style Louis XVI. Elle y voyait une énorme plante verte, un lustre en verre. Elle voyait que Mlle C... songeait à prendre congé et à rentrer chez elle.

Je mis ensuite la conversation sur mon père, pour lequel j'avais une grande affection et que je n'avais pu revoir avant qu'il meure. Mme P... me dit combien il m'aimait, ce qui était tout à fait conforme au récit que m'en avait fait ma mère. Je risquai une dernière question. Je savais qu'un ami, M. L..., devait me présenter deux de ses amis. J'ignorais absolument quelle serait notre conversation, ce qui allait en résulter. Elle me donna des indications tellement précises, et avec une telle conviction, que je fus ébranlée.

Je réveillai enfin mon "sujet", craignant de me fatiguer. Elle parut étonnée de se voir ainsi entourée, et ne se souvint de rien.

Il me restait maintenant à vérifier ce que Mme P... venait de me dire. Je pris l'adresse de Mme P..., puis téléphonai à Mlle C..., à laquelle je demandai ce qu'elle avait fait dans l'après-midi. Elle confirma ce qu'avait dit Mme P..., et fut stupéfaite quand je lui parlai de la plante verte et du lustre en verre.

Vint le rendez-vous avec M. L... La description que m'avait faite Mme P... des deux inconnus était scrupuleusement fidèle. L'un d'eux arrivait des colonies, et la conversation s'orienta sur l'Afrique-Équatoriale française. (Détail donné par Mme P... : elle m'avait dit que nous parlerions de l'Afrique.)

Je pris un nouveau rendez-vous avec Mme P... Je m'étais procuré quelques photos de personnes inconnues de moi. Après l'avoir endormie, je lui présentai une de ces photos qu'elle toucha des deux mains, semblant soudain prise d'un malaise, déclarant que la personne représentée avait eu une fin tragique, avec une blessure à la tête qui l'avait fait cruellement souffrir. Pour l'autre photo, elle déclara que la personne représentée était une femme malade du cancer.

L'expérience terminée, je m'informai auprès des amis qui m'avaient confié les photos. Ils confirmèrent ce qui m'avait été dit.

Un jour, Mlle C... vint me voir et, tout en larmes, me dit qu'on lui avait dérobé chez elle un pendentif.

J'interrogeai mon "sujet", Mme P..., qui confirma les soupçons de Mlle C... Le pendentif, dit-elle, était chez une personne qu'elle décrivit, indiquant, après quelques tâtonnements, où il se trouvait. Mme P... voyait le bijou dans un bocal, parmi des grains de café, dans le placard de la cuisine. Sur les conseils de Mme P..., Mlle C... se rendit chez l'amie soupçonnée, exigeant la restitution du bijou.

Sur quoi, Mlle C... se dirigea vers la cuisine, ouvrit le bocal de café en grains avant même que l'autre eût pu intervenir, répandit le contenu sur la table et vit son

103

pendentif au milieu de grains de café, tandis que son amie était prise d'une crise de nerfs facilement explicable.

Je constatai aussi que je pouvais faire cesser la douleur sur un sujet endormi. Maux de tête, maux de foie, de reins, fatigue, tout cela disparaissait comme par enchantement, le sujet manifestant toujours un grand bien-être au réveil. Je parvins à rendre Mme P... d'une remarquable lucidité à l'état de veille, ce qui me permit, après plusieurs mois de travail, de faire l'expérience suivante que j'ai pu répéter autant de fois que je l'ai désiré :

Un après-midi, il fut convenu que j'irais faire des courses dans Paris. Je ne lui donnai pas mon itinéraire, ne le connaissant pas moi-même au départ. Neuf fois sur dix, elle indiquait au chauffeur de taxi l'endroit approximatif où je me trouvais, et arrivait toujours à me rencontrer.

Un jour, j'assistais à la présentation d'une collection de couture. Mme P... ignorait totalement mes intentions. Environ une heure après mon arrivée dans la maison, elle me faisait appeler par le portier...

J'appris ainsi, au cours de ces expériences, par quels procédés je pouvais moi-même m'enlever toute fatigue et soulager presque instantanément une souffrance physique passagère. Je constatai aussi qu'il n'était pas nécessaire d'endormir pour calmer cette souffrance sur autrui. Une simple imposition des mains de quelques minutes (quelquefois plus) suffisait le plus souvent à soulager et à faire disparaître les malaises. Le sujet alors sentait une vive chaleur traverser la partie du corps sur laquelle les mains étaient imposées, une chaleur qui pouvait même être ressentie à l'autre extrémité du corps.

Je réussis personnellement des expériences de dédoublement que Mme J... put constater et qui furent très concluantes, ainsi que des expériences sur photographies à l'état de veille, qui donnèrent des résultats appréciables.

Mais je pense surtout aux amis que j'ai rencontrés au cours de mes expériences, et dont certains étaient vraiment surprenants à l'état de veille.

Je livre au lecteur ces quelques expériences. Qu'il ne se dise pas que de tels résultats ont été obtenus par l'effet du hasard, car il y en a eu bien d'autres tout aussi concluantes. Je me garderai d'imposer les conclusions que j'en ai tirées moi-même. »

X

Maîtresse du chef suprême des « initiés »

Six mois après avoir fait la une des journaux, Lydie Bastien joue un nouveau rôle. Elle est l'égérie du Maha Chohan, le chef de la Fraternité blanche universelle, arrivé le 13 octobre 1947 en provenance de Cuba. Le Maître veut faire de Paris la « capitale de la spiritualité ». Maha Chohan reçoit ses fidèles chez son « ambassadeur », le frère Michaël Ivanoff, en sa propriété de Sèvres, siège de la Fraternité, ou dans un appartement de la rue Le Sueur. Il se promène en Delage, toujours encadré par une riche et belle Argentine et par Lydie Bastien. Il est à Paris pour présider le congrès spirituel de la Fraternité blanche, qui se tient du 19 au 21 octobre à la maison de la Chimie.

Le souverain des « horizons perdus » reçoit journaliste après journaliste. Les plumitifs hésitent entre l'éclat de rire et la fascination devant ce personnage d'environ quarante-cinq ans, au visage doux et triste, et qui, malgré sa dhoti tibétaine et son chapelet aux boules de bois sculpté, a plus l'air d'un Occidental que d'un habitant du « Toit du monde ». Le Maha Chohan déclare être né à Darjeeling, aux Indes, mais se prétend tibétain, car, dit-il, « en 1902, Darjeeling n'avait pas encore été arrachée au Tibet par les Anglais ». Il affirme aussi être un descendant direct de Gengis Khan dont il arbore une belle bague en or, remplie toutefois, précise-t-il , d'un atome d'hélium. Le titre de « Maha Chohan » lui a été délivré par le Grand Conseil de l'Agartha réuni en plénum, c'est-à-dire par l'ensemble des Sages et des Grands Instructeurs. Le siège du Conseil est au Tibet, « mais, affirme-t-il[1], les Sages habitent le monde entier. Il y en a à Paris, et l'Europe en compte environ quatre mille, initiés à divers degrés... Il y a trois Occidentaux, actuellement, dans l'Agartha, dont un est français... L'origine de l'Agartha remonte à −56 000 ans. Il existe un royaume souterrain au Tibet. Presque tous les monastères sont reliés par d'immenses galeries qui, parfois, atteignent 800 kilomètres de longueur. Dans ces galeries sont des cavernes si grandes que Notre-Dame de Paris y logerait à l'aise... » Il situe son royaume entre le Tibet du Nord et la Mongolie. Toujours selon Maha Chohan, y habitent quelque quinze millions d'âmes, dont cinq dans la capitale, et aussi des « Jinas », êtres doués d'une grande intelligence, mais qui n'ont pas de présence physique.

Une telle description a de quoi emballer une Lydie Bastien, pourtant passée maîtresse dans l'art de dépeindre l'Invisible !

« Les Jinas habitent les entrailles de la Terre et ne remontent jamais à la surface du globe. Ils sont armés de longues griffes et pourvus d'ailes analogues à celles

---

1. D'après l'interview accordée par le Maha Chohan à *Point de vue*, 20 novembre 1947.

des chauves-souris. Ce sont des esprits mauvais, mais moins mauvais cependant que les hommes, car il n'y a pas pire qu'eux. Ils deviendront plus tard des hommes, en évoluant : ce sont les gnomes, les sylphes et les lutins de vos légendes [...] La civilisation de l'Agartha est uniquement spirituelle et mentale. Nous n'avons pas de machines, mais des bibliothèques dont vous n'avez pas idée, des peintures, des sculptures et, en général, un épanouissement qui vous paraîtrait prodigieux... »

A tous les journalistes qu'il rencontre le chef des « initiés » promet qu'il dévoilera son royaume à la presse en août 1948. Les cameramen pourront filmer les merveilles, car il fera ouvrir les sanctuaires. Et c'est lui-même qui financera l'expédition. A une question posée sur la nécessité d'y emporter des groupes électrogènes Maha Chohan répond imperturbablement, en présence de l'énigmatique Lydie, que ce ne sera pas nécessaire, car « les êtres et les choses d'Agartha sont lumineux par eux-mêmes ».

Maha Chohan compte profiter de son passage à Paris pour s'entretenir avec « les sages d'après le Déluge », tenants de la science occidentale. Un rendez-vous est même organisé avec quelques savants. Les Actualités Pathé et quelques appareils photo sont là pour immortaliser l'événement... mais Maha Chohan n'est pas au rendez-vous !

Cependant, comme, une fois passé les bornes, il n'y a plus de limites, il promet au journaliste Robert Charrou qu'il accomplira un miracle avant de quitter Paris, et, au passage, il affirme que saint Jean l'Évangéliste faisait partie de l'Agartha et est mort au Tibet au XIIᵉ siècle. A ceux qui expriment scepticisme et moquerie un fidèle du Maître promet l'envoi d'ondes maléfiques...

Pendant les trois jours du congrès réuni à la maison de la Chimie, Lydie Bastien se tient toujours là, légèrement en retrait, près du grand chef hiératique, et lui chuchote des mots à l'oreille. Elle s'est beaucoup démenée pour la réussite de l'événement, faisant bénéficier le Maître de ses entrées dans les médias, s'occupant de ses relations publiques, des réceptions des fidèles et des visiteurs. Du coup, elle est le « sésame » qui permet d'approcher le Maître.

Maha Chohan est à Paris pour rassembler ses adeptes, étudier avec eux les maux de l'humanité et y apporter des remèdes. Il fait le procès du monde moderne qui, « dans sa folie analytique, va jusqu'à désintégrer l'atome pour faire sauter la planète ». Des thèmes chers à Lydie Bastien. Si l'ONU échouait à maintenir la paix de par le monde, « le Roi du monde » envisagerait, à titre d'avertissement, de faire dévier notre planète de sa trajectoire. Pas moins !

En clôturant le congrès, Maha Chohan annonce qu'il part immédiatement pour Rome, puis pour Washington, afin de donner ses directives au pape, puis au président Truman. Il débarque effectivement à Rome le 15 novembre et surprend tout son monde par le faste folklorique qui l'entoure. Il donne une conférence de presse, le 19, et se fait interpeller en tibétain par un célèbre professeur italien, Giuseppe Tucci. Incapable de répondre, Maha Chohan quitte les lieux sous les quolibets d'une partie de l'assistance. Ayant appris qu'il était attendu à Lausanne à un congrès religieux mondial, les policiers italiens le raccompagnent à la frontière suisse, quatre jours plus tard. Il revient ensuite à Paris, prononce des conférences spirituelles au palais d'Orsay, puis à la salle des Horticulteurs, publie *Tourmente et terreur sur le monde* en 1948, puis, quelques semaines plus tard, *Révélations sur l'Agartha*. Il fait encore quelques apparitions en France jusqu'en 1950, puis on perd sa trace...

L'homme et son entourage avaient de quoi intriguer policiers et agents des services de sécurité. Ils furent nombreux à se lancer sur sa piste. Quelques indices leur suggéraient que cette petite bande n'était pas animée exclusivement par la recherche du bien de l'Humanité. D'où Maha Chohan tirait-il les fonds considérables dont il disposait ? Qui était derrière ce mage ? Paradoxalement, les enquêteurs ne prêtèrent guère attention à une Lydie Bastien trop facilement assimilée à une potiche. L'un d'eux se demanda si elle n'avait pas connu le Maître par l'intermédiaire de sa demi-sœur, qui vivait alors à Cuba. Mais ils s'intéressaient davantage aux autres personnages étranges qui entouraient le Maître.

Ils tombèrent d'abord sur Michaël Ivanoff, d'origine bulgare, son plus fidèle adepte. Connu de la police pour des pratiques alliant l'occultisme à la sexualité la plus débridée, il était le chef de la secte la Fraternité blanche universelle pour la France. C'était lui, l'« ambassadeur » qui avait organisé le congrès. Ivanoff fut finalement arrêté le 20 janvier 1948 pour outrage aux bonnes mœurs sur les personnes de quatre jeunes danseuses qui fréquentaient le siège de la Fraternité blanche.

Les enquêteurs tombèrent également sur un conservateur à la Bibliothèque nationale quelque peu « dérangé », ainsi que sur un certain Roger Lievens qui vivait à Rome. Lievens avait connu le Maître à Paris au début des années 30. Il avait été un collaborateur des Allemands et avait fui la capitale française pour l'Allemagne en juillet 1944...

Quant à Maha Chohan, c'était un « gros poisson » dont on n'était parvenu à connaître que quelques écailles... Déjà, son identité posait problème. Il se disait prince O.M. Cherenzi-Lind, mais son nom de famille était probablement Lind, et ses prénoms Paal, Omar, Mirsain, né le 25 avril 1899 à Darjeeling. Son père était Kalil-Adum Shernrezig, né à Moscou, et sa mère, hindoue, Devaqui Alokananda, princesse Mai de Mandchourie. A moins que tous ces noms n'aient été le fruit de son imagination, car le seul papier qu'il pouvait produire était son passeport cubain, n° 1729, délivré à La Havane le 22 avril 1944 (sa naturalisation avait été obtenue en 1926). Le Maître fournissait de multiples adresses à New York, en Californie et à La Havane... Pour certains, « son passé n'était pas net ». Il aurait même fait partie de la Gestapo en Belgique. Suivre son parcours relevait de la mission impossible, car les pistes qu'il indiquait lui-même ou qui parvenaient aux oreilles des policiers étaient par trop contradictoires. Une certitude : il avait beaucoup voyagé à travers la planète entière et manifestait une exceptionnelle énergie pour accroître partout le nombre de ses adeptes. Enfin, il s'était fait repérer en Suisse pour avoir cherché à mettre la main sur les loges maçonniques helvétiques...

Les enquêteurs purent aussi remarquer que, contrairement à ce que le chef suprême des « initiés » prétendait, il ne jeûnait pas, mais raffolait du poulet financière et du bon bourgogne, fumait d'excellents cigares de La Havane et passait avec Lydie Bastien de longues soirées qui n'avaient manifestement pas pour objet de préparer le salut de l'Humanité. L'homme n'avait rien à voir avec le Tibet ni avec le royaume de l'Agartha. Il ne parlait pas, comme il le prétendait, dix-neuf langues, mais maîtrisait bien le français, l'anglais, le russe et l'espagnol. Les différents inspecteurs acquirent progressivement la conviction que, derrière la façade de Maha Chohan, se cachait en réalité un escroc international dont la base arrière était le Cuba de Batista où il possédait peut-être des biens très importants.

Last but not least, Cherenzi-Lind aurait probablement travaillé pour le KGB. Cette déduction résulte-t-elle de la connaissance qu'avaient les enquêteurs de ses contacts avec Emmanuel d'Astier de la Vigerie ? ou de sa haine affichée des Anglais ? ou de sa filiation russe ? A la préfecture de police de Paris, il était en tout cas noté comme « ancien nazi passé au SR soviétique ». Les spécialistes du contre-espionnage détectèrent quelques manœuvres bizarres de l'homme pour pénétrer le monde politique parisien, avec l'aide de Lydie Bastien, sa maîtresse. A vingt-cinq ans, l'aventurière avait décidé-ment beaucoup de cordes à son arc...

Maha Chohan fut interdit de séjour en France au début des années 50. Sa fiche signalétique n° 51/1626 stipule : « Imposteur dont l'activité est suspecte et dont la présence est indésirable. » Il retourna à Cuba et s'y trou-vait en tout cas au moment de l'arrivée au pouvoir de Fidel Castro qui le fit emprisonner pendant deux ans...

XI

« Lydie Bastien a eu des relations avec Stengritt »

A la fin de la guerre, Klaus Barbie offrit ses services au Counter Intelligence Corps (CIC) – les services secrets militaires américains – de Munich. Les Américains acceptèrent et l'utilisèrent pour traquer les communistes du KPD, le Parti communiste allemand. Barbie devint ainsi un agent travaillant pour le compte des espions américains qui se gardèrent bien de prévenir leurs homologues français, malgré les engagements pris en ce sens. Des informateurs de l'antenne du SDECE appelée DALO, installés à Wilbad et dirigés par le colonel Gérar-Dubot, avec pour collaborateurs le lieutenant Whiteway et le commissaire Bibes, de la Sûreté aux armées, repérèrent, en mars 1948, l'agent X 3054 du CIC de Munich. Le colonel Gérar-Dubot approcha ses collègues américains, avec qui il avait noué de très bonnes relations, pour obtenir l'autorisation d'entendre Barbie, leur collaborateur. Négociation délicate...

Compte tenu de l'excellence des rapports qu'ils avaient noués avec les services français, les espions américains décidèrent de leur consentir ce petit cadeau et leur accordèrent de questionner l'ancien chef du SD de Lyon à condition toutefois que l'audition se passe en zone US et qu'il n'en résulte « aucune suite fâcheuse pouvant entraver son emploi par les services américains[1] ». DALO accepta ces conditions et rendit compte au colonel Verneuil, chef du service 23.

L'audition a lieu le 14 mai 1948 à 9 heures du matin à Francfort, dans les locaux de la mission française. Le lieutenant Whiteway, qui avait été à Alger chargé de la liaison entre la direction de la Sécurité militaire et l'OSS, dirige la délégation, composée du commissaire Bibes, de la Sûreté aux armées et de son adjoint l'inspecteur Lehrmann. Barbie, sûr de lui et en confiance, est accompagné de deux Américains qui parlent bien le français. L'audition dure plus d'une heure et fait l'objet d'un procèsverbal de cinq pages. Ce que déclare Barbie est d'autant plus fiable qu'il sait qu'il n'a rien à craindre, étant protégé par ses employeurs américains.

« Barbie a parlé sans réticences, et son témoignage accable Hardy », écrit Gérar-Dubot au colonel Verneuil. Le SDECE croit dès lors à la culpabilité de Hardy. Verneuil contacte discrètement le commandant Gonnot, le juge d'instruction militaire qui instruit le dossier Hardy. Le PV fait l'effet d'une bombe. DALO est invité à poursuivre.

Les Américains redoutent que le juge d'instruction français réclame l'extradition de Barbie quand il prendra

---

1. La relation de l'intervention du SDECE dans l'affaire Barbie a été faite à partir du Fonds du colonel Paillole, déposé au SHAT, 1 K 545, à la suite d'une communication téléphonique avec le colonel, le 23 février 1999, et d'un article signé du même Paillole, publié dans le *Bulletin de l'Amicale des anciens des Services spéciaux*.

connaissance de ses déclarations. « Les Américains, qui comptent l'employer en Italie du Nord (Trieste), ne le livreront pas et se formaliseront si les facilités données à DALO attirent l'attention sur leurs agents. » Pour se prémunir contre un tel risque, le colonel Gérar-Dubot a demandé au commissaire Bibes, chef du Centre d'interrogatoire mixte DALO-Sûreté, qui relève de la DST et dont les procès-verbaux risqueraient d'être ultérieurement intégrés dans la procédure, de prendre l'engagement de ne pas les communiquer à sa direction.

Une deuxième entrevue avec Barbie a lieu le 18 mai, cette fois à Munich. Le juge Gonnot délivre, le 23 juin, une commission rogatoire adressée au patron du SDECE, comprenant une liste de vingt-sept questions très détaillées. Le 28 juin, Verneuil transmet cette liste à DALO et expose :

> « ... Il n'est pas possible de négliger un témoignage d'une telle importance. Ci-joint une commission rogatoire que vous devez faire exécuter dans les meilleurs délais, étant entendu que le magistrat instructeur (en l'occurrence, le commandant Gonnot, juge d'instruction de l'affaire Hardy) donne toute garantie de sécurité en ce qui concerne la situation actuelle de Barbie *[sic]*... »

Le commissaire Bibes auditionne à nouveau Barbie le 18 juillet 1948.

Ces trois interrogatoires sont essentiels pour bien cerner la vérité, car Klaus Barbie s'est exprimé sans contrainte, sans peur de l'avenir. Il sait qu'il ne risque absolument rien, et sa mémoire des événements est encore relativement fraîche.

Que dit-il alors ?

Il raconte comment Multon, *alias* « Lunel », un membre de Combat arrêté par la Gestapo à Marseille, a dénoncé René Hardy comme chef d'un réseau de sabotage sur les chemins de fer. Barbie a fait arrêter Hardy dans le train qui le conduisait à Paris, puis l'a ramené de Mâcon à Lyon et l'a interrogé toute la nuit.

> « Lui ayant fait miroiter qu'il pourrait échapper au châtiment qui l'attendait en travaillant pour moi, Hardy a accepté mes propositions sans grosses difficultés.
>
> Au lieu d'être transféré à la prison de Fort-Montluc, il fut logé rue Berthelot en attendant que la demande d'autorisation d'emploi sur la Résistance, faite à Berlin, reçoive une réponse.
>
> Berlin a donné son accord, moyennant toutefois que je prenne sur ma tête la responsabilité de la libération de Hardy. Quelques jours après, Hardy a donné la date d'une réunion des chefs de la Résistance, fixée au 21 juillet 1943[1] dans la maison d'un docteur. Mais je ne me souviens pas, sur le moment, du nom de la rue.
>
> A la suite de ce renseignement, **une mise en scène a été organisée par Hardy et moi.** Hardy a reçu de moi un pistolet, et il devait, lors de mon irruption dans le local de la réunion, tirer en l'air et s'échapper.
>
> Précédemment, Hardy avait marqué d'une croix à la craie jaune la porte du lieu de la réunion.
>
> **L'opération a réussi, et Hardy s'est blessé volontairement au bras en simulant la fuite.** Arrêté par la Milice quelques instants après, il m'a été remis et je l'ai conduit à l'hôpital allemand. Hardy est resté environ quatre

---

1. La « tranquillité d'esprit » n'empêche pas les aléas de la mémoire : la réunion de Caluire n'a pas eu lieu le 21 juillet, mais le 21 juin...

semaines à l'hôpital de la Croix-Rouge allemande. Après accord avec le médecin-chef allemand de cet hôpital, un nouveau simulacre d'évasion a été réalisé. Je suis allé chercher Hardy de nuit en automobile **et je l'ai fait conduire chez sa fiancée par un de mes adjoints, nommé Stengritt.**

Quelques jours après, Hardy a reçu une carte d'identité et une certaine somme d'argent en attendant de nouvelles instructions de ma part. »

Voilà la première version brute de la trahison de Caluire. Elle présente quelques erreurs, comme celle de la date, mais, avant même la première question posée par le commissaire Bibes, elle introduit déjà le personnage de Stengritt.

Si Barbie dirige la section IV du SD, celle qui a la charge de la répression des crimes et délits politiques, Harry Stengritt est sous-officier à la section VI qui s'occupe de la collecte des renseignements et « gère » les agents et employés français. Elle tient à jour le registre des agents français qu'elle immatricule par un numéro précédé des lettres LY et qu'elle affecte aux différentes sections. La section VI dispose en propre d'un bureau français de renseignement installé à la perception de la rue Paul-Lintier, à Lyon, et supervise le service de renseignement du PPF[1], camouflé en Société des métaux non ferreux...

Après que Barbie a expliqué qu'il a ensuite perdu la trace de René Hardy, Bibes lui demande quels autres

---

1. Parti populaire français, dirigé par l'ancien responsable communiste Jacques Doriot ; il s'était engagé totalement dans la collaboration avec les Allemands.

fonctionnaires allemands ont eu connaissance de l'affaire. Barbie répond :

« Cette affaire n'a été traitée que par moi, avec mon adjoint Stengritt, en accord direct avec Berlin. »

Au fil des trois interrogatoires – il serait plus exact de parler d'entretiens –, il apparaît que deux personnages s'imposent, aux côtés de Barbie, dans le déroulement de l'affaire : Lydie Bastien, qui est au centre des premières discussions entre Barbie et Hardy, et Stengritt, qui devient l'« ange gardien » de René Hardy.

Revenons d'abord sur la façon dont s'est nouée la relation entre Barbie et Hardy :

> « Lorsque j'ai pris mon premier contact avec Hardy, c'est à la prison de Chalon-sur-Saône. Je ne l'avais jamais vu auparavant. Je l'ai salué en lui disant : "- Bonjour, monsieur Hardy." Je précise à ce propos que je connaissais déjà son véritable nom par Multon[1], et je savais aussi, par ce dernier, qu'il portait des lunettes de camouflage avec des verres neutres.
>
> Lorsque je l'ai ainsi appelé, Hardy a nié. Je n'ai pas insisté et je l'ai conduit à ma voiture sans être enchaîné, c'est-à-dire sans le port de menottes. Dans la voiture, nous avons parlé ensemble et je lui ai enlevé ses lunettes, voulant lui donner la preuve que je savais exactement qui il était. Je me suis rendu compte, en effet, que ces lunettes étaient neutres. Hardy a compris alors qu'il n'était plus question de jouer avec moi, et il m'a déclaré

---

1. Nous verrons plus loin que Barbie connaissait le nom de Hardy par une autre source.

que c'était Multon, *alias* "Lunel", qui l'avait trahi, car il l'avait vu dans le train.

Hardy m'a parlé ensuite de sa fiancée, car j'avais trouvé sur lui une lettre d'elle. Je dois ajouter que cette fouille, ainsi que celle de ses objets personnels avaient été négatives, à part cette lettre.

Hardy m'a dit nourrir des sentiments profonds pour sa fiancée et a craint que je l'arrête également. J'ai répondu que je n'avais aucun grief à l'encontre de cette dernière, et qu'il pouvait être tranquille à son sujet. J'ai eu l'impression qu'il était content de mes paroles.

Nous sommes alors arrivés à l'École de santé militaire où se trouvait mon service. La règle générale était que toutes les personnes arrêtées devaient être conduites au Fort-Montluc. Hardy a échappé à une telle mesure et je lui ai donné une chambre au premier étage, dans notre service ; je l'ai enfermé dans cette chambre en prévenant le garde de sa présence, tout en donnant pour instruction que personne ne devait parler avec lui.

Si je n'ai pas mis Hardy au Fort-Montluc, c'est que, de notre voyage de retour à Lyon, après son arrestation, et des entretiens que nous avons eus ensemble dans la voiture, j'ai retiré l'impression qu'on pouvait parler avec lui. Je n'avais pas parlé service avec lui, mais de choses personnelles.

Pendant l'après-midi et la soirée, je me suis rendu avec lui dans sa chambre et je l'ai interrogé sur ses activités dans la Résistance. J'étais seul avec Hardy qui m'a parlé de ses travaux sans aucune contrainte et très franchement.

Il m'a dit en particulier qu'il était chargé de l'organisation des sabotages sur les chemins de fer. Ne lui ayant rien demandé alors sur ses camarades, il ne m'en a pas parlé. Hardy a toutefois précisé ce que je savais déjà concernant son rendez-vous à Paris avec le général Delestraint[1].

L'initiative des propositions de services est venue de moi. J'ai fait remarquer à Hardy le traitement de faveur dont il bénéficiait. Il s'était bien convaincu que ce n'était pas pour rien et, à mon offre franche et directe de travailler pour moi après lui avoir fait remarquer quels risques il encourait, il n'a pas répondu immédiatement par l'affirmative et m'a demandé à réfléchir.

C'est le lendemain de son arrestation qu'a eu lieu entre Hardy et moi cet entretien capital. Autant que je m'en souvienne, c'est dans l'après-midi ou la soirée du même jour que Hardy m'a donné son acceptation.

En même temps, il a fait ressortir qu'il pouvait me rendre de grands services, car il n'était pas un "petit chef". Il m'a assuré de sa fidélité, car il se rendait compte des risques que je prenais moi-même à son sujet. Il m'a donné sa parole d'honneur en me donnant la main. »

C'est Harry Stengritt qui a été chargé de René Hardy après sa première libération :

« J'ai annoncé à Hardy qu'il était libéré, mais je lui ai dit que, pour les premiers jours, un de mes hommes se tiendrait auprès de lui, et je lui ai demandé de venir me voir tous les soirs. En fait, Hardy a couché pendant une huitaine de jours après sa libération dans sa chambre

---

1. Rappelons qu'au moment de son arrestation, Hardy n'a pas eu connaissance de l'ordre qui lui avait été donné de se rendre au rendez-vous du métro La Muette avec le chef de l'Armée secrète. Sur ce point, Barbie « brode ».

de l'École de santé militaire, c'est-à-dire dans notre service. Il n'était pas gardé pendant la nuit.

L'homme placé à côté de Hardy était l'*Unterscharführer* Stengritt, *alias* "Harry". C'est sous ce nom que je l'ai présenté à Hardy. **Stengritt connaît bien Hardy [...].**

Durant la période écoulée entre sa libération et le 21 juin 1943, à part son voyage à Paris, Hardy est toujours demeuré à Lyon. **Il a été en contact journalier avec moi, soit personnellement, soit par Stengritt [...].**

J'ai vu Hardy tous les soirs avant que la réunion [de Caluire] ait lieu, et, chaque fois, il m'a donné des détails nouveaux, appris par son agent de liaison.

C'est ainsi qu'il m'a appris que Max devait participer à cette réunion. Hardy m'a dévoilé la véritable personnalité de Max, m'a dit que son véritable nom était Moulin, et il m'a parlé de son activité dans la Résistance.

Hardy paraissait nourrir un ressentiment contre Moulin, et j'ai eu l'impression qu'il s'agissait là d'une espèce de règlement de comptes[1]. »

Hardy, ne connaissant pas le lieu exact de la réunion, a offert à Barbie de lui désigner Henri Aubry, un des autres participants à la réunion, rendant de cette manière plus faciles les filatures. C'est ainsi que Klaus Barbie a assisté, la veille de Caluire, sur le pont Morand, à Lyon,

---

1. Hardy a fait spontanément état de cette animosité envers Moulin dans un interrogatoire mené à Alger par la Sécurité militaire. Rendant compte d'une réunion qui s'était tenue à Lyon et à laquelle participaient Frenay, Claudius-Petit, Emmanuel d'Astier et quelques autres, il raconta qu'était « arrivé un homme qui n'avait aucune troupe derrière lui et que j'ai vertement remis en place, car il arrivait avec la prétention de commander tout, alors qu'il ne représentait rien ».

à une rencontre entre Hardy et Aubry. Là encore, Barbie a mis Stengritt dans le coup :

« Je me suis donc rendu au lieu de rendez-vous du pont Morand en compagnie de Stengritt. C'était bien moi, le civil assis sur le banc et lisant son journal. Stengritt était à côté de moi, mais ne me prêtait aucune attention. »

Le même Stengritt, qui a décidément joué, selon Barbie, un rôle important dans le montage du piège qui devait coûter la vie à Jean Moulin, a participé à la réunion tenue le matin même, qui avait pour but de mettre au point tous les détails de l'arrestation.

Barbie poursuit :

« Muni de ces renseignements, je me suis rendu à Caluire avec mes hommes et ai fait encercler la villa, ce qui n'était pas difficile, la maison étant isolée. Et j'ai donné ordre de laisser entrer les gens, mais plus sortir.

Je suis entré moi-même dans la maison et, guidé par les croix, je suis allé directement à la pièce de la réunion, suivi de Wenzel et de Stengritt. J'ai ouvert la porte et, pour ménager l'effet de surprise, j'ai tiré un coup de feu en l'air, dans le mur. Toutes les personnes présentes se sont couchées par terre et j'ai vu tout de suite Hardy. J'ai interrogé sommairement sur leur identité les personnes présentes et les ai fait fouiller. Celles-ci, naturellement, ont toutes donné leur nom de couverture. C'est alors que j'ai interrogé séparément ces personnes.

Est venu le tour de Hardy qui m'a fourni lui-même les véritables identités des personnes présentes, que Stengritt a notées immédiatement.

Hardy m'a fait savoir ensuite que nous étions arrivés trop tôt, que la réunion n'était pas encore commencée et qu'on attendait encore Moulin, ajoutant qu'il se trouvait peut-être dans la salle d'attente. Il est certain que si Hardy ne m'avait pas donné cette indication, Moulin aurait peut-être pu m'échapper, car les personnes présentes dans la salle d'attente du cabinet du docteur ne m'intéressaient pas en elles-mêmes.

Effectivement, Moulin et deux autres hommes de la Résistance se trouvaient dans la salle d'attente. Je les ai fait monter, sans savoir qui ils étaient exactement, dans la pièce de la réunion.

J'ai repris l'interrogatoire sommaire, et Hardy, revenant à nouveau devant moi, m'a désigné Moulin et les deux autres hommes.

Il n'y avait pas de disposition particulière prévue en ce qui concernait Hardy. Il devait être arrêté comme les autres. Seulement, **sa fuite était déjà préparée avec Stengritt**. Les personnes arrêtées ont été amenées dans les voitures. Stengritt a pris Hardy. Lorsqu'ils se sont trouvés près de la voiture, Stengritt a lâché le cabriolet, Hardy l'a bousculé et s'est enfui suivant le plan préparé. Tous les Allemands qui m'accompagnaient savaient que Hardy devait prendre la fuite. Je les en avais prévenus à la réunion préparatoire de l'opération.

Hardy s'enfuyant, mes hommes ont tiré, suivant le plan, mais en l'air. Il s'est alors produit un incident. Mon chauffeur Barthel, ayant oublié ma consigne, a poursuivi Hardy et a tiré sur lui, mais l'a manqué. Les hommes de ma suite l'ont rappelé au respect des consignes, et la poursuite a cessé. Moi-même, à cet instant, je me trouvais encore dans la pièce de la réunion et j'ai suivi les détails de la fuite de Hardy en regardant par la fenêtre. J'ai vu que mon chauffeur faisait des bêtises et je l'ai sévèrement rappelé à l'ordre. Hardy m'a raconté par la suite que, s'étant caché dans un fossé, il s'était blessé lui-même avec le petit pistolet que je lui avais remis quelques jours auparavant pour se protéger[1]... »

Enfin, Klaus Barbie s'est appesanti sur les relations entre Lydie Bastien et Stengritt alors que René Hardy soignait son bras gauche à l'hôpital allemand de la Croix-Rousse :

> « Je ne connais pas personnellement **Lydie Bastien qui a eu des relations avec Stengritt, lequel était allé au moins deux fois chez elle.** Cette femme n'a pas rendu visite à Hardy lorsqu'il était dans les locaux de notre service. Je ne peux pas dire qu'elle ait vu Hardy pendant le séjour de celui-ci à l'hôpital allemand. **Peut-être s'y est-elle rendue avec Stengritt.** Hardy écrivait ses lettres et me les remettait pour que je les achemine moi-même vers Lydie Bastien. Je ne me souviens plus si cette dernière utilisait la même voie. »

Aux approximations de la mémoire près, et moyennant la protection probable de quelques menus secrets, Barbie dit la vérité. Une vérité confirmée par les déclarations d'Edmée Delettraz, qui a vu Hardy quelques heures dans les locaux de la Gestapo ; par le rapport « Flora », trouvé

---

1. La veste prince-de-galles que portait ce jour-là René Hardy a été analysée par la docteur Charles Sannié, directeur du Service de l'identité judiciaire de la Préfecture de police, et par Henri Moureu, directeur du Laboratoire municipal de Paris. Leur conclusion est formelle : la balle a été tirée d'une distance comprise entre 1 et 40 centimètres. Est-ce réellement Hardy qui s'est tiré dans le bras avec le pistolet 6,35 que Barbie lui avait remis, ou une autre personne ?

dans les locaux de la Gestapo de Marseille ; et par les rapports de Kaltenbrünner au ministre des Affaires étrangères Ribbentrop, les 27 mai et 29 juin 1943.

Le 30 juillet 1948, après avoir remercié DALO, le SDECE lui demande d'obtenir l'autorisation du CIC d'entendre l'autre témoin important, Harry Stengritt. Une nouvelle commission rogatoire est transmise.

Le 2 août à 9 heures, à Stuttgart, le commissaire Bibes, assisté de l'inspecteur Charles Lehrmann et de l'adjudant-chef Charles Sutter qui fait office d'interprète, entend Stengritt qui lui confirme, à quelques nuances près, la version de Barbie.

Stengritt ne garde cependant pas le même souvenir de cette rencontre du 2 août : pour lui, l'entretien eut lieu chez lui et avec le seul capitaine Lagarde. Il déclare :

> « J'ai assisté au rendez-vous entre "Thomas" [Aubry] et Hardy. Y assistait également Barbie qui était assis sur un banc et faisait semblant de lire le journal. Moog, *alias* "K 30"[1], y assistait aussi et surveillait la scène d'un peu plus loin. Pour être très précis, je me trouvais dans ma voiture et suis passé auprès de "Thomas" et Hardy. J'ai pu remarquer, près de l'endroit où se tenaient ces deux hommes, une jeune femme blonde qui n'avait pas échappé à l'attention de Barbie. [...] Il ne fait pas de doute que c'est bien Hardy qui a donné Aubry... »

Sur la façon dont Hardy a pu échapper aux griffes de la Gestapo, Stengritt affirme :

---

1. Un agent de l'Abwehr.

« ... Arrivé à environ deux mètres de la voiture, je lui ai dit à voix basse en allemand : "*Los !*", c'est-à-dire : "Va-t'en !" Hardy a alors brutalement retiré le bras que je retenais et il a pris la fuite pendant que je faisais semblant de trébucher. Au moment où j'allais prendre mon pistolet pour tirer – ou plutôt, je l'avais déjà en main –, Barthel, qui avait oublié la consigne et n'avait pu maîtriser ses nerfs, a tiré sur Hardy qui s'enfuyait, sans toutefois l'atteindre... »

XII

Hardy rencontre secrètement Stengritt

Le 10 novembre 1948, Harry Stengritt reçoit une convocation du capitaine Lagarde, un officier de DALO, l'antenne du SDECE. L'officier l'informe qu'il devra bientôt se présenter à Paris pour y être entendu comme témoin dans l'affaire Hardy.

Le 3 décembre, un officier américain conduit Stengritt à DALO. Le lendemain, l'antenne du SDECE propose de faire venir à Paris, sous certaines garanties, le témoin Stengritt, l'homme qui a bien connu Lydie Bastien et René Hardy et avec qui Klaus Barbie a monté l'opération de Caluire. Le 5 décembre, un officier français en civil accompagne Harry à Paris pour être entendu par le juge Gonnot. C'est chose faite les 6 et 7 décembre. Et le 8, le juge organise une confrontation avec René Hardy, puis, le lendemain, avec Henri Aubry et Mme Raisin, qui avait été la secrétaire de ce dernier.

Stengritt répète *grosso modo* ce qu'il a déclaré à Stuttgart quatre mois plus tôt. Il affirme avoir participé, le matin du 21 juin 1943, à une importante réunion au siège de la Gestapo, avenue Berthelot :

« Ce n'est qu'en arrivant à cette réunion que j'ai appris que j'allais participer à des arrestations de chefs importants de la Résistance ; j'ignorais quels étaient ces chefs, à l'exception de Hardy que j'avais ordre d'arrêter. »

La mission de Stengritt se borne à la surveillance d'un seul homme :

« Je devais arrêter personnellement Hardy ou, dans le cas où Hardy aurait été arrêté par un autre agent de chez nous, il devait me l'amener. Il était en outre convenu que Hardy devait s'échapper et que je devais tirer des coups de feu dans sa direction sans l'atteindre. **Je devais en quelque sorte faire le simulacre de lui tirer dessus.** Je précise qu'au moment où cet ordre me fut donné par Barbie, j'ignorais encore le lieu où devaient avoir lieu les arrestations. »

Après avoir ainsi corroboré la version de Klaus Barbie – sans aucune contrainte, puisqu'il n'est alors que témoin –, Stengritt retourne chez lui à Stuttgart. Le 10 décembre, jour de son arrivée, il est arrêté par la police allemande sur ordre des Américains du CIC : on l'accuse d'avoir falsifié son identité en reprenant l'orthographe ancienne de son vrai nom, Stankret. Le 13 décembre, il est confié à la police allemande de Tübingen qui le remet le jour même aux autorités judiciaires françaises. Moins d'une semaine après avoir été entendu par le juge Gonnot, il est interrogé par Albert Meyer, un officier de police judiciaire travaillant pour le Contrôle de la sûreté du Wurtemberg. Stengritt déroule une nouvelle fois sa vie, son passage à la GFP[1] de Maisons-Laffitte au cours du deuxième semestre de 1942, puis au SD d'Alençon pendant un peu plus d'un mois, avant d'arriver à Lyon le 16 janvier 1943 pour y travailler au SD. Il répète que Hardy travaillait pour Barbie...

Contrairement à la promesse faite par le SDECE, Stengritt est mis sous mandat de dépôt du juge d'instruction du tribunal militaire de Lyon, dans le cadre d'une procédure collective, pour avoir appartenu à une organisation criminelle. Il faisait l'objet d'un mandat d'arrêt depuis le 10 octobre 1945.

Le président du tribunal militaire qui juge René Hardy en avril 1950 souhaite l'entendre, car son témoignage se présente comme l'une des pièces capitales de l'accusation. Stengritt est alors conduit à Fresnes, quelques jours avant de témoigner.

Georges Teulery s'y trouve lui aussi emprisonné à cette époque. Un sacré personnage que ce Teulery ! Pupille de la Nation, il a pu faire de bonnes études d'anglais et pratiquer cette langue en Grande-Bretagne où il a séjourné quatorze mois. Il a ensuite regagné la France en 1931, est d'abord entré aux PTT, puis, six ans plus tard, à l'Éducation nationale. En même temps qu'il devient instituteur, il adhère au Parti communiste. Lors de la débâcle, il est élève officier mécanicien. Il reprend sa place d'instituteur. En 1942, il entre aux FTP. « Dans son école, il fabrique des ampoules chimiques. Il recherche des abris pour les camarades en fuite. Il trans-

---

1. *Geheime Feld Polizei*, la police secrète de campagne, analogue à la Sûreté aux armées.

porte et livre des faux papiers[1]. » Teulery habite alors dans le XVe arrondissement de Paris et fait fonctionner un réseau de boîtes aux lettres. A la fin de la guerre, il dirige le service B, le réseau de renseignement des FTP. Fin août 1944, il passe dans le 2e bureau FFI qui va devenir le 5e bureau de l'État-Major général. Il est ensuite versé dans la Sécurité militaire, puis affecté à la sécurité au ministère de l'Armement dirigé par Charles Tillon.

En février 1949, le commandant Georges Teulery est arrêté pour « transmission de renseignements à une puissance étrangère ». En réalité, il a fourni des informations politiques à d'anciens résistants yougoslaves qui tentent, aux côtés de Tito, de contrer l'Union soviétique. Il est interrogé par le patron de la DST en personne et lâché par le PCF. Devenu un pestiféré auprès de ses anciens camarades, il est par surcroît condamné à cinq ans de détention. Il purge d'abord sa peine à la prison du Cherche-Midi, puis est transféré dans la 1re division de Fresnes en mars 1950. Au bout de trente-huit mois d'incarcération, il deviendra chef de service dans une société d'électroménager, puis artisan-taxi... Il lui faudra attendre 1972 pour être réhabilité.

Le 24 mars 1999, je me trouve face à Georges Teulery au café-restaurant Le Murat, à la Porte d'Auteuil. Bon pied, bon œil, malgré ses quatre-vingt-sept ans, sa mémoire semble extraordinairement fidèle. Il se souvient de sa première rencontre avec René Hardy à la prison de Fresnes :

---

1. In *Service B*, de Roger Faligot et Rémi Kauffer, Fayard, 1985.

Le 3 avril 1947, Lydie Bastien commence la publication de ses «confessions» dans France-Soir *où elle évoque son enfance, l'amour fou qu'elle voue à son frère, sa rencontre avec René Hardy… Elle se présente comme une résistante abusée par l'homme qui prétendait l'aimer passionnément et accuse son ex-fiancé d'avoir été un agent de la Gestapo.*

Elle attendra encore plus de quarante ans pour prendre des dispositions afin que la vérité éclate après sa mort… © BHVP - Fonds France Soir.

Lydie est, pour son père qu'elle adore,
le « petit lapin bleu ». DR.

Raoul Bastien, son père,
juge au Tribunal de commerce
de Paris (1937). DR.

La petite Lydie et sa mère. DR.

Lydie est peut-être encore catholique. DR.

C'est à Notre-Dame-de-la-Couture du Mans, qu'elle appela ensuite le «couvent», que Lydie Bastien va haïr la religion catholique et s'affranchir de toute morale. DR.

Sœur Marie-Françoise,
la mère supérieure. DR.

Harry Stengritt, amant de Lydie Bastien,
qui organise avec Klaus Barbie
le piège de Caluire . DR.

Ils ont piégé René Hardy…

Lydie Bastien, alias «Béatrice» pendant la guerre.
Ph. *Point de vue* du 03.04.1947.

Raymond Richard, l'agent E. 7122 de l'Abwehr
qui manipulait «Béatrice». DR.

Jusqu'à sa rencontre avec Lydie Bastien, c'était un grand résistant.

Sa fiche à l'Abwehr III F. DR.

René Hardy en 1941. DR.

Après avoir fait valoir ses états de service auprès du général de Gaulle, « Madame Hardy » a obtenu un ordre de mission officiel pour quitter Alger et rejoindre Paris, en octobre 1944. DR.

VAN CLEEF & ARPELS
JOAILLIERS
22 PLACE VENDOME
PARIS

VAN CLEEF & ARPELS INC. 744 FIFTH AVENUE
NEW YORK

VAN CLEEF & ARPELS 1° HOLBORN VIADUCT
LONDRES

VAN CLEEF & ARPELS S.A. 12 QUAI GÉNÉRAL GUISAN
GENÈVE

BOULEVARD DE LA CROISETTE
CANNES

PLACE DU CASINO
MONTE CARLO

RUE CONTANT BIRON
DEAUVILLE

TEL. 073.7000 - Adr Tel VANARPELS-PARIS

ESTIMATION POUR ASSURANCE

- Longue chaîne or et brillants taille ancienne - Environ 22 cts	43.000. - F
- Double clip platine, brillants ronds et baguettes - Environ 11 cts	27.000. - F
- Broche "Croix de Malte", or, brillants taille ancienne, environ 9cts Un brillant central environ 2,50 cts	27.000. - F
	97.000. - F

(Quatre vingt dix sept mille francs)

Cette estimation est établie sur la base des prix de vente actuels au détail, T.V.A. comprise.

Paris, le 4 Juillet 1972
Pour Van Cleef & Arpels

Max Pelegrin

Mademoiselle Lydie BASTIEN
11, rue Jules Chaplain

75 - PARIS 16e

MP/ag

Nos estimations établies à titre gracieux expriment (sauf erreur ou omission) notre évaluation sur la base des prix de détail à ce jour, sous engager notre responsabilité ou celle de nos préposés. Elles ne peuvent être interprétées comme un certificat (ou même une présomption) de propriété.

Ce n'était qu'une partie de sa fortune en bijoux…

Parmi eux, il y a ceux de la trahison et notamment la broche « Croix de Malte ». DR.

VAN CLEEF & ARPELS
JOAILLIERS
22 PLACE VENDOME
PARIS

VAN CLEEF & ARPELS INC. 744 FIFTH AVENUE
NEW YORK

VAN CLEEF & ARPELS 1° HOLBORN VIADUCT
LONDRES

VAN CLEEF & ARPELS S.A. 12 QUAI GÉNÉRAL GUISAN
GENÈVE

BOULEVARD DE LA CROISETTE
CANNES

PLACE DU CASINO
MONTE CARLO

RUE CONTANT BIRON
DEAUVILLE

TEL. 073.7000 - Adr Tel VANARPELS-PARIS

ESTIMATION POUR ASSURANCE

- Une paire de motifs d'oreilles, deux brillants poires 6 carats environ	95.000. - F
- Une chatelaine-montre, platine, brillants	22.000. - F
- Une bague platine brillants, un brillant T.E. 16,50 carats environ	315.250. - F
- Un bracelet vingt émeraudes, 24 brillants navettes, or et platine	489.000. - F
U Un collier cinq rangs de perles fines avec un fermoir platine, brillants, deux brillants poires et 24 brillants ronds	225.000. - F
	1.146.250. - F

(Un million cent quarante six mille deux cent cinquante francs)

Cette estimation est établie sur la base des prix de vente actuels au détail, T.V.A. comprise.

Paris, le 23 Juin 1972
Pour Van Cleef & Arpels

Max Pelegrin

Mademoiselle Lydie BASTIEN
11, rue Jules Chaplain

75 - PARIS 16e

MP/ag

Nos estimations établies à titre gracieux expriment (sauf erreur ou omission) notre évaluation sur la base des prix de détail à ce jour, sous engager notre responsabilité ou celle de nos préposés. Elles ne peuvent être interprétées comme un certificat (ou même une présomption) de propriété.

Portrait de Lydie Bastien dessiné en prison par René Hardy.
On ne voit que les yeux et un « motif d'oreille, brillant poire ».
© BHVP - Fonds *France Soir*.

Ces yeux ont envoûté René Hardy

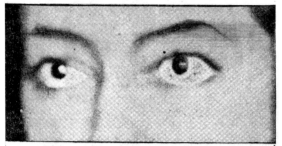

LYDIE BASTIEN est une de ces femmes extraordinaires dont le destin exceptionnel défie l'imagination des romanciers. Merveilleusement belle, lascive, diabolique, elle n'a rien ménagé pour réaliser ses ambitions. Sa vie est une incroyable suite de drames, entre lesquels, parfois, s'intercale un vaudeville. Voyez en page **six** le récit hallucinant de son aventureuse existence.

"Je suis toujours le fiancé de Lydie" répète Ernest de Gengenbach vampire surréaliste

Samedi Soir 05.04.1947.

Quand, en 1947, Lydie Bastien devient une star des médias, ses yeux deviennent le sujet principal.
Avec ces yeux-là elle peut « envoûter », « hypnotiser » qui elle veut.

DR.

je peux hypnotiser qui je veux

Non seulement elle peut hypnotiser qui elle veut, mais, en avril 47, pour le photographe de *Point de Vue*, elle n'hésite pas à poser nue. *Point de Vue* 24.04.1947, photos Walter Carone. DR.

© BHVP - Fonds *France Soir*.

Lydie Bastien, réincarnation de Cléopâtre, aime être mise en scène en spirite.
Point de Vue 17.04.1947, photo Walter Carone. DR.

Point de Vue 17.04.1947, photo Walter Carone. DR

Point de Vue 17.04.1947, photo Walter Carone. DR.

Lydie Bastien avec son nouvel amant,
en 1947,
le chef suprême des initiés.

René Hardy avec Mᵉ Maurice Garçon lors de son premier procès, en janvier 1947. © Keystone.

Sous les applaudissements
passionnés de l'auditoire

René Hardy
est acquitté

après une pathétique plaidoirie
de Mᵉ Maurice GARÇON

Impressions d'audience par **Francine BONITZER**

CE fut une audience bouleversante, où les nerfs tendus
se relâchèrent brutalement dans un tonnerre
d'applaudissements délirants qui salua la lecture
du verdict, et que M. Sudaka eut le ridicule de qualifier
solennellement « d'indécent ».

L'Aurore 25.01.1947.

ORE

L'un
Et l'au

STID (6 h. du matin) Jeudi 27 mars 1947

Arrêté, dimanche après-midi, dans l'Aube

René HARDY

qui avait été acquitté le 24 janvier

vient d'avouer
sa trahison

Il avait bien, pour acquérir sa propre liberté, livré aux Allemands, lors du "rendez-vous de Caluire" Jean MOULIN et les chefs du C. N. R.

APRES son acquittement retentissant, après la publication de mémoires s'indignant des sanctions portées contre lui, voici que René Hardy, de nouveau aux prises avec la justice, vient de passer des aveux complets.

pas en croire capable celui qui avait organisé le sabotage en règle des transports allemands sur nos voies ferrées

Une série d'arrestations

L'Aurore 25.03.1947.

L'AFFAIRE HARDY

Lydie Bastien

QUI DEMEURE INTROUVABLE CONNAIT LE SECRET DE SON AMANT

N'EST-CE PAS ELLE QUI AMENA LE CHEF DE LA RESISTANCE FER A TRAHIR ?

La confession tardive de René Hardy, dont nous donnions dès hier l'essentiel, ne saurait jeter une lumière définitive sur cette tragique affaire où les passions politiques ont si fâcheusement tendance à dominer les faits.

Désormais, c'est dans le silence d'un cabinet d'instruction militaire que se poursuit le dialogue dramatique entre l'acquitté d'hier, inculpé d'aujourd'hui, et le lieutenant-colonel Wilhelm, magistrat inskructeur du deuxième tribunal militaire de Paris.

A la confession écrite au petit jour — sur sept feuilles — succède, désormais, le duel méthodique entre l'homme qui se défend et l'enquêteur qui fouille jusqu'au fond les faits, qui scrute les mouvements du visage, les regards, qui interprète les hésitations et les pâleurs.

Sur ce combat, sur cette recherche, cependant, une ombre plane, un personnage invisible et présent surgit en s'impose, sans doute, également à l'accusateur et à l'accusé.

La belle Lydie

Il s'agit de Lydie Bastien, cette mystérieuse et jolie jeune femme de vingt-quatre printemps, qui, depuis 1943, fut la compagne, sinon l'épouse de René Hardy.

Belle, dit-on, à faire se damner les anges, belle au point que son amant eût fait pour la savoir à lui tous les sacrifices. Fut-ce pour lui plaire, pour se l'attacher à jamais ?

Belle au point que, peut-être, c'est pour elle et par elle que Bien René Hardy, de résistant pur, est descendu à la trahison qu'on lui reproche aujourd'hui.

● *Suite page 4 (3me col.)*

Lydie était-elle un agent de l'ennemi ?

Confidente, c'est sûr. Complice, c'est probable.

En effet, selon certains renseignements, c'est Lidye Bastien qui aurait loué la couchette du rapide Lyon-Paris qu'occupait Hardy lors de son arrestation. Elle-même fut sa fiancée et d'après les aveux récents du chef de « Résistance Fer », c'est pour lui épargner les horreurs de la torture qu'il accepta de travailler pour la Gestapo. Ceci est une explication.

Il en court une autre dans certains milieux de la Résistance qui connaissaient bien la jeune femme. D'après laquelle Lydie Bastien n'aurait pas été réellement menacée, pour l'unique raison qu'elle appartenait déjà à un service de renseignements allemand. L'ancien ministre Henry Frenay, au lendemain de l'acquittement de Hardy, aurait fait part de ses doutes à son

● *Suite de la 1re page*

D'aucuns prétendent que leurs amours étaient mortes, que leur dernier rendez-vous en révèle décevant. C'est sans doute aller bien vite en besogne.

Il y a quelques jours, Lydie Bastien était encore auprès de son amant à Neufchatel, en Forêt Noire. Elle devait le retrouver à Paris (ainsi qu'un fait le télégramme retrouvé à son domicile, 18, avenue Gabriel-Péri, à Montreuil) après un bref passage en Suisse.

Il paraît certain que la belle Lydie est arrivée dans la capitale lundi, dimanche à 9 heures, avenue Lausanne. Mais nul ne sait où elle est descendue, ni même, en apprenant le coup de théâtre, elle n'a pas reparti sur-le-champ.

Les agents de la Sûreté du territoire ont eu l'ordre de la retrouver et de l'amener rue des Saussaies pour l'interroger, suivant, en vain jusqu'ici, plusieurs pistes. Celle qui mène vers la Suisse paraît la plus sérieuse.

L'attitude de la jeune femme incline évidemment à penser qu'elle détient l'intérêt les curiosités légitime de la justice. Et pourtant, son témoignage pourrait être d'une importance capitale. Il y a gros à parier qu'elle connaît bien l'odyssée de Hardy, et même, on le devine, les dessous de cette triste affaire, les péripéties, les secrets intimes, les pensées que l'homme traqué dissimule au plus profond de lui-même, mais dont il se soulage et murent dans l'ardeur des nuits amoureuses.

Ainsi ne peut-on se défendre d'évoquer l'image d'une Lydie faible devant la femme de sa vie, partagée cruellement entre la plus noble des passions et le plus exigeant des amours. Est-ce pour elle, est-ce pour ne pas la perdre que cet homme d'action, ce combattant incontestable, est allé jusqu'au bout de la nuit où l'on ne recontre plus que le fantôme accusé pendant, l'ensemble des faits connus. Mais la retrouvera-t-on ?

Ce serait trop que l'affirmer. Cependant, l'ensemble des faits connus, l'attitude torturée de cet homme aux étranges réticences suivies d'aveux, tantôt le geste pour Lydie Bastien tient entre ses jolis ongles la clé du triste mystère qui couvre les heures sanglantes de Caluire et les exécutions de martyrs regrettés.

L'amie de Hardy avait-elle prévu sa fuite ?

Le pavillon de l'avenue Gabriel-Péri, à Montreuil, où Lydie Bastien descendait parfois lors pendant ses séjours à Paris, est divisé en plusieurs appartements. Celui du second

ami. Celui-ci ne se serait toujours dérobé à une explication franche que, peut-être, il redoutait déjà.

Une chose en tout cas est certaine. La maîtresse du colonel Hardy a eu lors du procès, une attitude des plus étranges. On sait maintenant qu'elle s'employait activement et personnellement à rassembler des témoignages favorables à la défense. Elle a tenté auprès de M. Cressol une démarche singulière, lui présentant une photographie qui n'était pas celle de René Hardy, en espérant que le témoin la prendrait pour telle.

M. Cressol ne tomba pas dans le piège et la jeune femme se retira très dépitée.

N'est-ce pas elle, également, qui fit pression sur le contrôleur Alphonse Morice pour l'empêcher, (comme nous persistons à le croire), d'apporter son accablant témoignage ?

Ce serait bien dans sa manière. Lydie Bastien, en effet, au dire de ceux qui la connaissent, est ce qu'on appelle une « femme de caractère ».

Très autoritaire ambitieuse même, menant sa vie à grandes guides, elle avait réussi à rendre Hardy absolument fou d'elle. Les lettres délirantes qu'il lui écrivait (lettres dont il fut, en question au cours du procès) en témoignent. Ses intimes vont jusqu'à dire qu'elle le menait « par le bout du nez » !

Il ne s'agit pas ici de mettre des culpabilités en balance, et de disculper l'emprisonné pour reporter le fardeau qui l'accable sur de plus fragiles épaules.

Mais tout de même... Dans cette incroyable aventure, il semble que Lydie et René soient liés par des souvenirs intimes à porter, et la femme peut-être l'âme de ce jeu, quand l'homme n'en fut que le bras.

étage était mois, à Mi timo, qui a son départ et son voy définitivem ment au deux peu une lettre briel-Péri.

Le lieute instruit ai faire la ne entretien, hôtel de M République Berry et J Mme Har nent à s sans doute extrêmemen

U
chez l

Le dossi Hardy a u trais afin qui pourro information

Il n'y lors

On nous toriée que de Hardy faible deva te, et qu'il barrage il posé à l'a l'arrestatio

Ce c
M

NICE, 26 part.) — d'Hardi à Hardy, au quitter Ni — Bien surprise de effet, il m tion aura te, au cou de soin. J de contrô soit parve lice.

L'Aurore 27.03.1947.

LYDIE BASTIEN ACCUSE HARDY :

2 milliards de francs DE PETROLE FLAMBENT dans le port de Haïfa

"Après Caluire, il logeait à la Gestapo et était entièrement au service de l'occupant"

UN ATTENTAT A LA BOMBE A DÉCLENCHÉ CE MATIN A 3 HEURES L'IMMENSE INCENDIE

Le pipe-line géant de Haïfa

HAIFA, 31 mars. — Le gigantesque incendie qui s'est déclaré ce matin, à Haïfa, sur plus de 400 mètres, dans les usines des compagnies « Consolidated Refineries » et Shell Oil », à la suite de formidables explosions, continue à faire rage, malgré les efforts des pompiers, de la police et de l'armée.

Huit réservoirs sont déjà détruits et six autres sont menacés du même sort. Des flammes gigantesques s'élèvent des pipe-lines alimentant la raffinerie géante de la « Consolidated », qui traite toute la production de l'« Irak Petroleum Company ».

Les Anglais prévoiraient l'évacuation de leurs troupes vers le sud

DE LA VIANDE en abondance CE MATIN A LA VILLETTE

Ce Soir 01.04.1947.

Au deuxième procès de René Hardy, en mai 1950, les deux amants diaboliques se déchirent.

sien 8ᶠ

7ᵉ ANNÉE - N° 1752
Mercredi 3 mai 1950

POUR LES COMMUNIONS
ACHETEZ OU OFFREZ UN APPAREIL PHOTO.
CINÉMA . RADIO.
UNE JUMELLE, UN PHONO ET DES DISQUES

PHOTO-PLAIT
37, RUE LA FAYETTE, PARIS et ses succursales

te ? Confrontation pathétique de Hardy et de Lydie Bastien

"CETTE FEMME A VENDU JUSQU'AUX SENTIMENTS DE L'HOMME QUI L'A AIMÉE"
LANCE L'ACCUSE

Le Parisien 03.05.1950.

Ph. Agence Intercontinentale. DR.

Une fois de plus, René Hardy sera acquitté et Lydie Bastien continuera sa vie d'aventurière.

Photo AGIP/Robert Cohen. DR.

Sous les apparences d'une grande bourgeoise, Lydie Bastien repart en 1950 à la conquête du monde. Elle jette d'abord son dévolu sur un très riche homme d'affaires, Samuel Ogus, que l'on dit proche du PC et des Soviétiques. Point de Vue 14.04.1947, photo Walter Carone. DR.

Lydie Bastien a choisi le yogi

Cette pose hiératique a été prise au cours d'une transe yogi par Lydie Bastien qui a trouvé un refuge dans le bouddhisme, tandis que René Hardy se prépare à entrer dans les ordres. Elle réussit particulièrement dans l'envoi de messages télépathiques.

La dernière apparition de Lydie Bastien dans un grand magazine français.
Paris Match 03.06.1950, photo Zalewski. DR.

ınɔıan cultural center

REPORT OF THE INAUGURATION
OF THE CENTER
AND THE NEW YORK BRANCH
of the
INTERNATIONAL COUNCIL FOR RESEARCH IN THE NATURE OF MAN
(INDIA)

which took place on the 25th of January, 1958

at

50 Central Park West
New York 23, N. Y.

GUEST OF HONOR

MRS. FRANKLIN D. ROOSEVELT

INDIAN CULTURAL CENTER
50 Central Park West
New York 23, N. Y.
TRafalgar 3-4195

*Lydie Bastien exerce
ses talents loin de la
France, à New York.
Elle crée le Centre culturel
indien le 25 janvier 1958.*

La femme du vainqueur de la
Seconde Guerre mondiale,
Mme Roosevelt,
est l'invitée d'honneur.

THE ILLUMINED MIND OF ANANDA DEVI

And Her Account Of
India And Experimental Metaphysics

Aux États-Unis, Lydie Bastien
a pris un nom indien,
Ananda (un soldat de Bouddha)
et Devi (la grande déesse).
Toutes ses idées et ses expériences
« indiennes » seront publiées
après sa mort.
Cette identité exotique
est accolée à celui de Jack Kennedy,
son amant d'alors,
et fidèle collaborateur.

Ananda Devi (L. Bastien)
with
Premananda Deva (J. J. Kennedy)

Jung—And the 'Self'

PROF. CARL JUNG, one of the great psychologists of our time, died last week. His death was a great loss.

After Freud, who opened the way and of whom he was once a disciple, Prof. Jung's contribution to the discovery of the nature of man is an outstanding one. He was one of the few real scientist-pioneers in the Western world who endeavored to investigate systematically and scrupulously the human psyche.

As yet, many of his findings have not been completely explored. No surprise, when one considers that many of the materials he discovered have to be experienced personally to be completely understood.

The discovery of the Child - Archetype (archetypes: living psychological patterns belonging to the collective unconscious) can and will have a most determining impact and great repercussions on contemporary man—once the concept is grasped in its proper light. The liberating effects of such a discovery are certain. A new way is traced for man today, a way of emancipation and freedom in creativity

ANANDA DEVI

the level of man's actual consciousness. Conflict taking place between pre-conscious and post-conscious experiences has not yet been releasd in contemporary man. The foundation of real integration is there. The Child-Archetype retains the secret—for "he" is the total being resulting from the marriages of "God" and "Nature."

In Hindu philosophy "he" is the prefiguration of the Self—the Atman. In the Tantra he is Kumara, child of the Supreme Creative Power, the one who has given birth to the myth of the Hero, symbolizing the secret, unfulfilled aspiration of the race towards the recovery of its divine attributes. Once the "child" is freed, man is no longer fearful, doubtful, limited—but a Hero, a titan with supernal powers.

At this point one regrets that Jung, marvelous though he was, did not go a step further in the process of unfoldment and discovery of the nature of Self. Had Jung been shown the way to this further growth and had he been given the proper technics in order to awaken from within the possibility to move on higher levels of consciousness, he would have been the best possible bridge between East and West. As is, his ideas of the Self are still hypothetical and empirical.

—Ananda Devi, Indian Cultural Center, N.Y.C.

COMIC DICTIONARY

Taxpayer: A desperate man who is constantly being pushed to the wall while the wall

The Spirit of India, Tibet . . .

Dear Editor: Recent events have brought India and Tibet into the world spotlight, and for the first time—on a really grand scale—Westerners are being exposed to the great spiritual strength inherent in both nations.

At one time India and Tibet — their peoples, religions, customs —were thought to be exotic, strange, but hardly to be taken seriously. Today, however, more and more Westerners are striving to understand their Asian brethren, and the deeper they

ANANDA DEVI
Bringing India West.

probe into the cultures of the East, the more enriched becomes their own understanding of life itself. In a world raked by materialistic desires, for instance, the precepts of Indian or Tibetan yoga come as a glass of pure release in a desert of frustration.

Americans owe it to themselves to learn more of the spirit of India and Tibet. The Indian Cultural Center, 50 Central Park West

(TR 3-4195) is geared to making that understanding possible.
—Ananda Devi, Indian Cultural Center N.Y.C.

Photos et textes d'Ananda Devi qui apparaîtront souvent dans la presse américaine.

PAN-AFRICAN TRADE AND INVESTMENT CORPORATION

PATIC *Victor Conté*
Vice Président

MONROVIA (Liberia) Paris office: 72, avenue des Champs-Elysees 75008 Paris
Tel. 42.89.32.83 · Telex. 470 714 · Fax. 93396667

ARTICLE X - INDEMNITY

(a) Any person made a party to any action, suit or proceeding, by reason of the fact that he, his testator or
intestate representative is or was a director, officer
or employee of the Corporation, or of any Corporation
in which he served as such at the request of the Corporation,
shall be indemnified by the Corporation against the reasonable
expenses, including attorney's fees, actually and necessarily
incurred by him in connection with the defense of such action,
suit or proceedings, or in connection with any appeal therein,
except in relation to matters as to which it shall be adjudged
in such action, suit or proceeding, or in connection with
any appeal therein that such officer, director or employee
is liable for negligence or misconduct in the performance
of his duties.

(b) The foregoing right of indemnification shall not be
deemed exclusive of any other rights to which any officer
or director or employee may be entitled apart from the
provisions of this section.

(c) The amount of indemnity to which any officer or any
director may be entitled shall be fixed by the Board of
Directors, except that in any case where there is no
disinterested majority of the Board available, the amount
shall be fixed by arbitration pursuant to the then existing
rules of the American Arbitration Association.

Je, soussigné Mademoiselle Bastien Lydie
déclare par la présente désigner
Monsieur Conté Victor
passeport n° 95210692 comme
mon légataire Universel, en raison
de son aide et de son dévouement
durant toutes ces durées pour ma Cause.
rédigé en page 13 des statuts de P.A.T.IC.
en deux exemplaires comportant mon sceau.
   By-Laws - 13
         remis à Victory

*Lydie Bastien décide de faire ses confidences
à Victor Conté.*

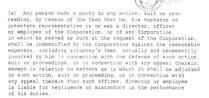

NOM	B A S T I E N
Prénoms	LYDIE JEANNE FRANÇOISE
Né le à	20 AOUT 1922 PARIS 15°

NATIONALITÉ FRANÇAISE

Taille	1M73
Signes particuliers	...
Domicile	PARIS 6 11 Rue JULES CHAPLAIN
Fait le par	03 NOVEMBRE 1988

Signature du titulaire

Lydie Bastien est enterrée à même la terre, au cimetière de Thiais.
Son nom n'est pas inscrit sur la tombe. DR.

« Il est venu me toiser de toute sa hauteur, estimant qu'un communiste ne pouvait pas être digne d'intérêt. »

Puis Hardy a quelque peu changé d'attitude, estimant finalement qu'il pouvait débattre avec lui. A Fresnes, Georges Teulery observait avec étonnement et souvent avec dégoût tous ces Allemands et « collabos » qui l'entouraient :

> « Ce qui m'a le plus suffoqué, c'est l'amitié très forte qui liait René Hardy à Henri Barbé, l'ancien bras droit de Doriot. Les deux hommes partageaient la même cellule ; ils étaient toujours ensemble et Henri Barbé servait de mentor à René Hardy [...]
> La discipline à la 1re division n'avait rien à voir avec celle qui était appliquée aux "droit co". C'était la grande pagaille. On circulait comme on voulait. On pouvait se rendre visite dans nos cellules [...] Un jour, toujours attentif à ce que faisait René Hardy, j'ai surpris un contact étroit entre un Allemand de grande taille et lui, sur une des passerelles qui longent les cellules. Ils avaient l'air en bons termes, comme de bons et vieux amis. Les deux hommes se sont dirigés vers la cellule d'Henri Blanche qui était à Fresnes pour avoir été un agent double et avoir donné un réseau à l'Abwehr. Tout le monde l'appelait "l'Aumônier" parce qu'il servait de secrétaire à Le Berre, l'aumônier protestant. Blanche est sorti et a laissé les deux hommes seuls pendant plus d'une heure. Intrigué par ce manège, j'ai questionné Blanche sur cette rencontre.
> – L'Allemand s'appelle Stengritt et dépose demain dans le procès Hardy. Les deux hommes se sont probablement mis d'accord sur sa déposition... »

Le vendredi 5 mai, donc au lendemain de cette rencontre secrète, un véritable coup de théâtre se produit au Palais de justice. Me Maurice Garçon, l'avocat de René Hardy, est manifestement au courant de ce qui va se passer, puisqu'il demande au président de dire au témoin allemand Stengritt que seuls les témoignages d'audience comptent, et qu'« il ne risque rien, s'il a menti précédemment, à dire aujourd'hui la vérité... ».

Le président relaie la demande de l'avocat :

> « Voulez-vous traduire ce qui vient d'être dit. Insistez sur le fait qu'il ne risque rien. »

Les yeux des journalistes sont braqués sur Stengritt. Ils le trouvent différent des autres Allemands. « D'abord il est beau, celui-là. Il ressemble à Lamartine, ce qui nous change des affreux de la veille... », écrira l'un des chroniqueurs le lendemain.

D'entrée de jeu, le beau Stengritt affirme que ses « interrogatoires de 1948 ont été opérés sous une certaine pression morale » :

> « J'ai été dénoncé par une Allemande. J'ai évidemment utilisé cette occasion pour tenter de me sauver de cette situation.
>
> La chose m'a été facilitée parce que mon interrogateur m'a posé les questions de telle sorte que mes réponses étaient toutes préparées.
>
> Cet essai de sauvetage a aussi été facilité par le fait qu'on m'a expliqué que Hardy était malade et que, probablement, il ne vivrait plus longtemps.

C'est pour cette raison que je désire aujourd'hui même rectifier, sur certains points, mon ancienne déposition. »

Cette déclaration liminaire constitue déjà un gros mensonge. En décembre 1948, devant le juge Gonnot, Stengritt n'avait fait que reprendre les propos émis en Allemagne devant un officier du SDECE après qu'eurent été recueillis ceux de Barbie. Ces premières déclarations n'avaient absolument pas été faites sous quelque pression que ce fût, et il n'avait été question d'aucune dénonciation commise par une Allemande...

A l'appui de son revirement, il affirme, ce qui est vrai, qu'il faisait partie de la section VI du SD, n'ayant théoriquement aucun rapport avec l'exécutif. Il peut, sans risquer d'être démenti, avancer qu'il n'a connu l'affaire Hardy que par hasard. Sachant que Barbie ne viendra pas protester du contraire, puisqu'il est devenu agent américain, il peut tranquillement contredire ses affirmations. Il s'étonne ainsi que son collègue ait relâché Hardy sans prendre de garanties et déclare posément que Barbie a « trompé les services allemands » à propos de l'importance du Plan vert[1], qu'il a « commis une faute » en dégageant par là la responsabilité de Hardy. Quant à l'affaire de Caluire à proprement parler, Stengritt revient du tout au tout sur son témoignage et affirme que Hardy lui a vraiment échappé...

Me Maurice Garçon souligne les « variations qui se

---

1. Plan de sabotage des chemins de fer qui devait être mis en œuvre au jour J, celui du débarquement allié, afin d'entraver les mouvements des troupes allemandes.

sont découvertes à l'audience » et demande au greffier de les acter au procès-verbal. L'avocat de Hardy a pleinement conscience qu'il tient là l'occasion de faire basculer ce second procès en faveur de son client.

Pressé de questions, Stengritt ne contredit certes pas totalement ce qu'il a déjà déclaré, mais toutes ses réponses ont pour but évident d'alléger les charges pesant sur Hardy. Ainsi ne l'a-t-il vu qu'une seule fois dans les locaux de la Gestapo. Puis le président lui demande de reprendre toute sa déposition. Il ajoute alors qu'il a été dénoncé par « un de [ses] anciens supérieurs allemands », autrement dit par Barbie. Dès qu'on lui pose des questions par trop précises, l'Allemand déclare néanmoins ne plus se souvenir. En ce qui concerne le rendez-vous du 20 juin sur le pont Morand, il affirme qu'il n'était là que pour assurer la protection de Barbie.

Me Garçon, qui se doute que les amis de Jean Moulin vont poser des questions sur la spontanéité du retournement de Stengritt, s'adresse au président :

— Pourriez-vous lui demander s'il lui a été fait quelque promesse, ou s'il a été l'objet de quelque sollicitation à propos de sa liberté et de son témoignage ?

Stengritt, qui doit se remémorer son rendez-vous de la veille avec René Hardy, sourit sans doute intérieurement et se borne à répondre :

— On ne m'a pas fait de promesses particulières.

Le président devine que l'Allemand a dit des choses qui n'ont pas été traduites, et réclame une traduction littérale de ses propos.

Stengritt joue la comédie et implore le président que

sa réponse ne soit pas actée, « par crainte d'avoir des difficultés dans ma propre cause à Lyon[1] ».

Le président, qui n'a manifestement rien compris à toute cette mise en scène, répond :

— Dites-lui de ma part qu'il ne peut pas refuser le témoignage. Il doit aujourd'hui toute la vérité au tribunal. Et dites-lui aussi qu'il ne peut rien lui arriver lorsqu'il dit la vérité, s'il dit la vérité.

Stengritt n'est pas encore totalement rassuré et reprend la parole :

— On m'a dit qu'on savait bien les fonctions que j'avais exercées au SD à Lyon, et « on » m'a donné sa parole d'honneur d'officier que rien ne m'arriverait.

Après traduction, le président hésite. Il ne comprend pas très bien :

— Il a employé tout à l'heure le terme « on » : « on m'a dit »... Je lui demande de préciser *qui* lui a promis.

La traduction de la réponse est plutôt hésitante :

— J'ai été interrogé à Kernstadt, à un service... je crois que ça s'appelle le Service... L'officier qui m'a interrogé était le capitaine Lagarde.

Stengritt fait allusion à l'interrogatoire organisé par le SDECE en Allemagne par un officier qui lui a donné sa parole qu'il ne lui arriverait rien s'il venait témoigner devant le juge militaire.

— N'est-ce pas le commissaire Bibes, que nous avons entendu, qui l'a interrogé ?

— Non, répond Stengritt.

---

1. L'inculpation qui lui vaut d'être incarcéré. Cf. *supra*.

Ce dernier a probablement raison. Ce n'est pas le commissaire Bibes qui l'a interrogé, mais l'officier du SDECE Lagarde. Comme Lagarde n'était pas officier de police judiciaire, l'interrogatoire qu'il a mené a dû être endossé par le commissaire Bibes. Mais le texte paraphé par Bibes a été totalement corroboré par Stengritt quand celui-ci a été interrogé par le juge Gonnot, sans aucune contrainte, puisqu'il n'était que témoin et a pu ensuite retourner tranquillement chez lui à Stuttgart. Aidé de Hardy – et probablement, dans la coulisse, par Me Garçon –, Stengritt a pu jouer sur cette faiblesse juridique du dossier pour faire un faux témoignage.

Le président lui demande pourquoi il a, à deux reprises, prêté serment de dire la vérité et fait alors de fausses déclarations.

– J'ai déclaré, au début, dans quelle situation je me trouvais ; ayant commencé à faire une fausse déclaration, j'ai suivi la même ligne.

– Est-ce que le juge d'instruction militaire vous a fait aussi des promesses ?

– Non, répond calmement Stengritt.

Tout est fini. Il a débité tout ce qui avait été convenu avec René Hardy, la veille, à Fresnes, dans la cellule de « l'Aumônier ». En dépit des garanties données par DALO pour sa venue à Paris au début de décembre 1948, Stengritt sera condamné à mort, le 25 novembre 1954, et gracié au bout de quinze ans de prison...

Sur la base des confidences de son mari, mort le 18 décembre 1988, la veuve de Stengritt confirme aujourd'hui[1] que l'évasion de René Hardy, le 21 juin 1943,

_____
1. Entretien de Mme Stengritt avec Claude Decker, le 23 avril 1999.

était un « simulacre ». Elle affirme également que Hardy s'était « jeté à ses pieds » pour que son mari l'aide à sortir des griffes de la Justice. Pour obtenir un faux témoignage, Hardy lui avait promis de l'aider, en lui faisant bénéficier de ses « importantes relations », s'il recouvrait la liberté. Stengritt se sentait alors abandonné de ses chefs et ne croyait pas pouvoir bénéficier d'une justice équitable. Il trouvait par ailleurs injuste que René Hardy puisse être condamné à mort pour le simple fait d'avoir travaillé pour les Allemands. Il considérait son faux témoignage comme l'obligation morale d'un Allemand envers un subordonné qui l'avait aidé. En somme, il se sentait « responsable »... Par la suite, Harry Stengritt a été très amer vis-à-vis de Hardy qui n'a rien fait pour lui après sa libération et ne l'a même pas remercié pour son geste.

Ce 5 mai 1950 fut décidément une très bonne journée pour René Hardy et ceux qui redoutaient sa chute. Avant le retournement de Stengritt, Me Garçon avait en effet littéralement exécuté Edmée Delettraz, comme il l'avait déjà fait lors du premier procès.

Le lecteur se souvient combien ce témoignage est déterminant pour l'accusation. L'air discret d'une bourgeoise bien élevée, Mme Delettraz, l'ancien agent du colonel Groussard, entreprend de raconter ce que furent ses activités pendant la Résistance et comment elle fut arrêtée en avril 1943 et obligée ensuite de travailler pour les Allemands. Dans la foulée, Me Garçon peut entamer son jeu de massacre en l'accusant d'avoir été la maîtresse d'un Allemand, puis d'avoir fait arrêter Bertie Albrecht et d'autres Français. Le président hésite à l'écrouer en pleine audience.

— Je sens en moi bouillir l'indignation quand je pense que, lorsqu'elle était à Annemasse, elle connaissait le moyen de passer en Suisse. Elle ne l'a pas fait ! lance Me Garçon.

— Je n'étais pas libre.

— Allons donc ! Étiez-vous détenue en prison ?

Le souffle court, Mme Delettraz ne répond plus.

— Il est certain, reprend l'avocat, que cette femme a su quelque chose vers 11 heures, 11 h 15, 11 h 30 du matin, et qu'elle a été convoquée par la Gestapo pour suivre quelqu'un. Cela est vrai. C'est vrai parce que trois officiers sont venus le dire...

Me Garçon est d'une habileté diabolique : il n'accepte que la partie de la déposition du témoin qui « enfonce » celui-ci, mais réfute celle qui accuse son client. Il se sert une nouvelle fois du faux témoignage du sous-lieutenant Bossé qui prétend avoir déjeuné à midi avec son chef, René Hardy.

— Et puis, revenant de Caluire, vous êtes venue chercher vos maîtres, et vous les avez conduits au lieu de rendez-vous. Cela, vous le reconnaissez, oui ou non ?

— Bien sûr, maître, répond Edmée Delettraz qui, ne sachant plus où elle en est, s'enfonce de plus en plus.

— Bien sûr ! Vous trouvez cela naturel ! Par conséquent, c'est vous qui avez conduit les Allemands à Caluire. C'est vous, et vous êtes libre !

Me Garçon explique que, pour tout ce qu'a fait Mme Delettraz, la Justice, depuis quatre ans, cherche en vain des charges contre elle. La Justice connaît pourtant tout d'elle et ne s'en est pas inquiétée. Et maintenant, par peur du scandale qui pourrait naître après cette audience, trois jours avant le procès, une instruction a été ouverte contre inconnu.

– Et l'inconnue, la voilà ! Eh bien, madame, un témoignage comme le vôtre n'est pas digne de notre justice ! lance l'avocat en désignant d'un ample geste Edmée Delettraz, effondrée à la barre.

Antoinette Sachs, Laure Moulin et leurs amis sont eux aussi accablés. Le principal témoin à charge vient d'être exécuté.

Le président demande à Hardy s'il a quelque chose à ajouter.

– Non, je ne connais pas cette femme, monsieur le président.

Le président ne relève même pas la contradiction entre cette réponse et l'affirmation de l'avocat qui a reconnu que le témoin avait suivi René Hardy jusqu'à Caluire... Mais qu'importe ! Mme Delettraz n'existe plus...

Elle essaie néanmoins de reprendre la parole :

– Je dois vous dire, monsieur le président, que j'ai dit toute la vérité. Je me suis en effet trouvée mêlée à trois drames. J'ai fait le maximum dans la situation où je me trouvais, je ne pouvais pas faire autrement. J'ai averti ; personne n'a été pris chez mes frères. J'ignorais qui était la femme qui avait envoyé ce télégramme[1]. Bien sûr, j'aurais pu sauter du train en marche...

– Quand j'ai analysé votre déposition, lors de l'interrogatoire de Hardy, j'ai qualifié votre rôle de lamentable ; je maintiens cette appréciation. Vous pouvez vous retirer.

– Bien sûr...

---

1. Allusion à son rôle dans l'arrestation de Bertie Albrecht, l'ancienne compagne de Henri Frenay.

– Il vaut mieux vous en aller, madame. Sortez ! s'exclame Me Garçon.

Le président ordonne néanmoins à Edmée Delettraz de rester dans la salle et demande à Lydie Bastien de s'avancer.

Durant tout le procès, l'inculpé René Hardy n'a à aucun moment été traité aussi durement...

XIII

Lydie Bastien au deuxième procès

Le lendemain de cette journée dramatique pour l'accusation, donc pour tous les amis de Jean Moulin, Stengritt a ravi la vedette à Lydie Bastien. A la une de *Paris-Presse-l'Intransigeant*, on peut lire sur huit colonnes : « Hardy : un Allemand a avoué avoir reçu l'ordre de compromettre l'accusé par un faux témoignage. » Et, en plus petit : « Avant cette déposition, Me Garçon avait "exécuté" l'agent double Mme Delettraz. » Mais, malgré ce rebondissement, c'est encore vers Lydie Bastien que les regards et les appareils des reporters convergent. Le 2 mai 1950, la presse et le public se bousculent pour entendre son témoignage. Le photographe d'une agence américaine lui lance à voix forte : « Encore un peu, madame ! La poitrine plus dégagée, le genou, c'est ça... Plus haut ! Ne bougeons plus... et voilà[1]. » Telle une star de cinéma, Lydie Bastien se plie de bonne grâce à ces demandes. Le journaliste qui rend compte de cette anecdote signale que la jeune femme voudrait bien faire carrière aux États-Unis.

---

1. In *L'Aurore*, mercredi 3 mai 1950.

« Les voici, ces deux êtres, sortis tout brûlants de leur alcôve et qui nous glacent par la haine qui peut-être les ronge aujourd'hui l'un et l'autre, et qui déborde jusqu'à l'hermine du président, jusqu'aux uniformes des juges et aux petits chapeaux des belles dames du "poulailler", avides de cruauté, de volupté et de sang. Lydie Bastien s'avance à la barre, toute droite, toute noire. On ne l'entend pas. Un souffle, un rien émane de ce volcan... »

Voilà ce qu'écrit, lyrique, Jean-Bernard Derosne, de *L'Aurore*. François-Jean Armorin, de *Franc-Tireur*, est beaucoup plus assassin. Il n'aime manifestement pas cette femme et trouve qu'on en fait trop à son sujet :

« C'en est ainsi des choses dont on attend trop. L'arrivée de Mme Lydie Bastien fut annoncée à coups de trompe devant des gardes tourmentés de complexes, devant des conseillers à la Cour venus toutes affaires cessantes et les oreilles congestionnées, devant un parterre de canotiers coquins et printaniers [...] On attendait beaucoup de monde, mais la plus belle fille du monde – chacun sait ça – ne peut donner que ce qu'elle a... Le président Meiss n'en demandait pas tant à Lydie Bastien. Alors ce fut un four [...]

L'aventurière ? Cela faisait rire certains au sortir de cette audience où l'on attendait (que sais-je ?) du sang, de la volupté, et la rage habituelle à ceux qui s'aimèrent avant de se bien détester. Mais encore devrait-on établir aujourd'hui qu'il ne l'aime plus ?

On attendait donc *Fraulein Doktor*, on entendit une cuisinière suçant un crayon, alignant ses comptes et faisant – un peu – danser l'anse du panier. Le tragique

144

de cette affaire, c'est qu'une tête ballotte peut-être au fond de cet osier... »

Toute de noir vêtue, Lydie Bastien ne laisse en effet échapper qu'un très léger filet de voix. Tout le monde doit tendre l'oreille.

– Tout de même, le témoin n'est pas si timide ! Mademoiselle, voulez-vous parler à haute voix, qu'on vous entende ! demande M⁰ Garçon.

Élevant un peu la voix, Lydie commence par raconter comment elle a rencontré René Hardy en janvier 1943, dans un café. Elle était avec une amie et devait en retrouver une autre, laquelle était légèrement souffrante. René Hardy était en train de parler à cette dernière. Les trois copines dînèrent ensemble, et Hardy à une autre table. « Je l'ai accompagné jusqu'à une certaine distance de chez moi, et nous avons pris rendez-vous ensuite. » Lydie explique comment elle a très rapidement été au courant de ses activités et lui a rendu certains services. Ils font ensemble un voyage à Paris, puis arrive la fameuse journée du 7 juin :

« Il m'avait demandé de lui trouver une couchette de Wagons-Lits. J'ai réussi, dans l'après-midi, à lui en avoir une par la direction des Wagons-Lits, et il est venu le soir chez mes parents. Je l'ai accompagné en taxi avec un de nos amis, puis je suis revenue chez moi. Je devais le retrouver à Paris le lendemain, je crois, et j'ai pris le train. Je suis arrivée à Paris au point de chute où je devais le retrouver, et là, on m'a appris qu'on n'avait pas de ses nouvelles. »

145

Elle attend. Puis, le dimanche suivant, le 13 juin, un ami lui annonce qu'il y a eu des arrestations sur la ligne Paris-Lyon. Elle se rend à la direction des Wagons-Lits où on lui confirme ces arrestations. Elle rentre à Lyon vers le 16 juin.

> « Mes parents m'ont appris la soi-disant évasion du train de Mâcon, et j'ai rencontré René le soir même. Il devait dîner chez moi, mais il est allé dîner avec d'autres amis. Et il a repris ses activités. »

Elle raconte ensuite comment elle a quitté Hardy, le matin du 21 juin, pour aller à Limoges porter de l'argent. Elle savait, reconnaît-elle, qu'il devait y avoir une réunion assez importante.

> « Mais je lui avais manifesté mes craintes d'une manière tout à fait intuitive. Je lui avais dit qu'une réunion était certainement très dangereuse, et que j'aurais préféré qu'il n'y aille pas. »

Après l'arrestation de Hardy par les autorités françaises, Lydie Bastien part pour Paris entreprendre des démarches auprès de certains responsables afin que son fiancé soit traduit devant le tribunal correctionnel, c'est-à-dire qu'il reste sous mandat français. Elle revient à Lyon, puis repart derechef pour la capitale. A ce point de son témoignage, elle raconte une extraordinaire histoire que personne ne va relever. Pas plus Me Garçon que le président ou le commissaire du gouvernement ne vont s'étonner qu'une jeune fille de vingt ans puisse si facilement rencontrer des gens aussi haut placés du gouvernement de Vichy, mais également des autorités allemandes !

Elle déclare d'abord arriver rue des Saussaies où est installée la direction de la Gestapo et du Sipo, notamment Bœmelburg. Elle prétend s'adresser à un bureau qui renseigne les familles :

> « Là, on m'a renvoyée, on m'a donné une petite fiche, on m'a dit de revenir dans quinze jours [...]. Le jour même, quelqu'un m'a téléphoné. J'avais demandé à un agent pour savoir où je pouvais déjeuner, et j'ai déjeuné à La Crémaillère, et, de là, on m'a téléphoné en me disant que je devais être ennuyée par la Gestapo, et que, peut-être, on pourrait m'aider.
>
> J'ai réfléchi. Je me suis dit : si c'est quelqu'un qui me veut du mal, je ne peux pas lui échapper ; si c'est un ami, je dois y aller – et j'ai opté pour cette dernière solution.
>
> Je suis allée au rendez-vous que ce personnage m'avait donné, le lendemain, au café Weber. Je me suis trouvée en présence d'un homme très grand, très bien élevé, parlant parfaitement le français et qui m'a dit : "Si vous voulez bien, nous allons garder l'anonymat." J'ai dit : "C'est entendu."
>
> Il avait compris que c'était moi qui étais ennuyée par les Allemands. Je lui ai dit qu'il ne s'agissait pas de moi, mais de mon fiancé. Il m'a dit : "Vous n'avez pas de crainte à avoir ; si c'est votre fiancé, munissez-vous de quelques lettres et allez faire des démarches." Il m'a donné deux conseils : l'un, d'aller me présenter au 120, avenue des Champs-Élysées, où j'allais trouver certainement des secrétaires qui pourraient me renseigner sur l'endroit où se trouvait mon fiancé ; et il m'a dit : "Si

vous pouvez encore aller aujourd'hui même voir au bureau du chef de la Gestapo, on vous recevra, on vous donnera peut-être des indications. Munissez-vous seulement des lettres." Je lui ai dit : "Je ne sais pas où c'est." Il n'a pas voulu me donner le renseignement ; il m'a dit : "Vous le chercherez." J'ai essayé de l'avoir, mais le temps était passé, et je n'ai pas pu faire cette démarche. »

Arrêtons-nous quelques instants sur cette incroyable déposition. Ainsi la jeune femme se rend directement à l'un des sièges de la Gestapo demander de l'aide pour un chef de la Résistance ; puis, quelqu'un d'important lui téléphone dans un restaurant et se propose pour l'aider à sortir ce même chef des griffes de la Gestapo ; ce M. X... est suffisamment proche de Bœmelburg pour conseiller à Lydie Bastien de se présenter rue des Saussaies et – *last, but not least* – propose tranquillement à la fiancée de René Hardy de se rendre au 120, Champs-Élysées, pour demander à des secrétaires de Pierre Laval de l'aider à retrouver son fiancé ! ! !

« Je me suis rendue le lendemain au 120, avenue des Champs-Élysées. J'ai trouvé une personne qui était une secrétaire du président Laval, à laquelle j'ai demandé si elle pouvait m'aider. Elle a été très compatissante, elle m'a dit de revenir dans quelques jours, qu'elle allait se renseigner.

Quelques jours après, je suis revenue, mais elle n'avais pas eu grands renseignements. Mais j'ai cru bon, pour des renseignements éventuels, de la voir et d'être bien avec elle. Je l'ai invitée à déjeuner ou à dîner, et elle a été tout à fait gentille. Elle m'a dit : "Écoutez, si vous voulez et si cela peut vous rendre service..." – car

148

la chose que je craignais le plus était qu'il soit fusillé ou qu'on attente à sa vie ; car une incarcération, éventuellement, pouvait se supporter, mais si on mettait un terme à ses jours, c'était la chose la plus grave pour moi... –, elle m'a donc proposé d'elle-même : "Si vous voulez rencontrer le président Laval, il est déjà intervenu, d'ailleurs pour un de mes amis : c'était un jeune homme qui avait été arrêté par les Allemands." J'ai accepté et nous avons pris immédiatement rendez-vous.

Je suis passée sans dire mon nom, comme si j'appartenais au personnel du secrétariat. Le président Laval m'a reçue et je lui ai exposé ce qui m'amenait. Il m'a d'abord dit qu'il n'y comprenait rien, et, ensuite, il m'a fait rédiger une petite fiche.

Comme il avait beaucoup de sympathie et d'affection pour sa secrétaire qu'il considérait presque comme sa fille, nous avons parlé en termes tout à fait amicaux. Je n'ai pas manqué de lui dire ce que je pensais de ce qui se passait en France, que c'était véritablement regrettable, et il avait l'air d'ignorer ces choses-là.

Il m'a dit ensuite : "Je vais essayer de voir ce qu'il en est et de me renseigner auprès de Bousquet." Et un rendez-vous a été pris pour le soir même, vers 6 heures et demie, car Bousquet devait venir le visiter. Malheureusement, nous sommes arrivés en retard, parce qu'il y avait eu un barrage de police, et nous n'avons pas pu faire cette chose. C'est là où se bornent mes contacts avec le président Laval. »

La jeune femme a donc pu se faire passer pour une secrétaire de Laval et franchir sans encombre les contrôles policiers, puis rencontrer sans difficulté aucune le premier personnage de Vichy avant qu'elle ne lui fasse la leçon sur la situation en France, et, malgré ce sermon,

Laval lui a donné rendez-vous pour le soir même avec le tout-puissant René Bousquet !

Mais le président du tribunal estime probablement que tout cela est bien trop éloigné de l'affaire Hardy... Il aurait pourtant été intéressant de demander au témoin quelques explications sur sa facilité à se mouvoir dans les hautes sphères de Vichy. Il aurait d'ailleurs suffi, pour en éprouver la nécessité, de mettre en parallèle les démarches de Lydie Bastien à Paris avec la lettre de René Hardy datée du 22 juin 1943 et envoyée de l'hôpital de l'Antiquaille « pour qu'elle alerte, par M. Bourris[1], M. le Secrétaire d'État, qui est son ami, ainsi que le ministre et le docteur Ménétrel dont vous m'avez parlé. Mais, tout de même, ne faites rien avant de m'avoir vu et que j'aie moi-même revu les autorités civiles françaises. Revoyez aussi Jacques-Pierre, peut-être pourra-t-il faire quelque chose pour moi... »

Lydie Bastien raconte que son père lui a alors demandé de revenir à Lyon, René Hardy s'étant évadé. Elle le retrouve à Clermont-Ferrand... Elle raconte ensuite brièvement leur fuite, leur débarquement à Alger, puis leur retour en France jusqu'à l'arrestation de Hardy en décembre 1944.

Le président essaie de lui faire redire ce qu'elle avait révélé fin mars, début avril 1947, tant aux policiers qu'aux médias, et qui accusait fermement René Hardy... Mais la diabolique Lydie a compris depuis belle lurette qu'en enfonçant Hardy, elle risquait de sombrer avec lui. Après des explications compliquées dont il ressort que

---

1. Il s'agit en réalité de M. Boury, qui est alors directeur en France de Markt and C°. Il était apparemment bien en cour à Vichy.

ses accusations étaient dictées par la jalousie, elle lance, impériale :

— Quels que soient les détails qui pouvaient frapper mon esprit et le troubler, j'ai toujours cru à son innocence !

René Hardy sait si bien que cette déclaration n'est en rien inspirée par de nobles sentiments qu'il se lance dans une violente diatribe contre elle :

— Monsieur le président, je n'ai pas l'habitude de tirer ni sur les femmes, ni sur les ambulances, mais je dois m'expliquer aujourd'hui. Vous m'avez posé une question il y a quelques jours, à savoir pourquoi j'avais écrit cet article dans *Ce Matin*. Je vais vous répondre aujourd'hui... Quand je suis sorti, cette femme qui est à la barre, si pénible que cela puisse m'être aujourd'hui, parce que je l'ai aimée, quand donc je suis sorti, cette femme m'a présenté la note des colis qu'elle m'avait envoyés à Fresnes ! A cette note étaient jointes deux reconnaissances de dettes à échéance du 15 février !... Il y a quatre jours, elle a vendu encore d'autres [de mes] lettres pour vingt-cinq mille francs. Elle vend jusqu'aux sentiments d'un homme qui a quelquefois tremblé pour elle !

— Est-il exact que vous avez vendu des lettres ? relance le président en s'adressant au témoin.

— Je ne les ai pas vendues, monsieur le président. Si vous voulez que je m'explique là-dessus... Je pense, comme la presse a parlé de moi sur tous les tons et de toutes les manières, que personne ne peut me reprocher d'être la dernière à prendre la parole. J'ai pensé que le meilleur moyen de mettre certaines choses au clair était de donner effectivement une documentation qui valait mieux que tous les articles et toutes les compilations que

151

j'aurais pu faire moi-même. Je ne vois pas quel est le reproche qu'on peut me faire à ce sujet... En ce qui concerne la note de frais, pour reprendre l'expression de René Hardy, si pénible que cela puisse m'être, je dois souligner que j'ai dû payer effectivement les avocats...

– Ah non ! s'écrient en chœur les avocats de René Hardy.

– J'ai dû effectivement assumer toutes les charges, les frais de colis. J'ai même emprunté à ma mère 100 000 francs à l'époque, dont on ne fait pas mention, et les quelques jours qui ont précédé le procès, j'ai dû payer les aller et retour du lieutenant Bossé : 14 000 francs, etc., différentes charges que j'ai dû assumer moi-même, et seule, et personne parmi tous les amis de René Hardy n'a voulu m'aider dans cette tâche...

– Sauf mon notaire ! s'exclame René Hardy.

– Il est un fait qu'à ce moment-là je me serais demandé comment j'aurais pu faire. Je ne pouvais pas aller prendre de l'argent dans la poche des autres !...

– Il vaut mieux arrêter cette discussion ! tranche Mᵉ Garçon.

Lydie Bastien va encore faire la une des journaux trois jours plus tard. Elle est obligée de répondre à une très violente attaque de Henri Garnier, dit Ledoux, un ancien de Résistance-Fer. Ce dernier affirme qu'elle a gardé par-devers elle d'importantes sommes faisant partie des fonds de la Résistance ; et que tous les membres de Résistance-Fer qu'elle connaissait furent arrêtés. Avec beaucoup d'aplomb, Lydie Bastien balaie les accusations de Garnier et répond aux interviews des journalistes avec le même toupet : « Cela fait partie d'un complot monté de toutes pièces et dirigé contre moi ! » peut-on lire en première page de *France-Soir*.

René Hardy, une deuxième fois, est acquitté...

Avec ce second procès, Lydie Bastien a jeté ses derniers feux. Pendant un peu plus de trois ans, elle était devenue une star chouchoutée par les journaux. Sa dernière photo à paraître dans un grand magazine, *Paris-Match*, est publiée le 3 juin 1950. Le titre : « Lydie Bastien a choisi le yogi ». Sous la photo[1] :

> « Cette pose hiératique a été prise au cours d'une transe yogi par Lydie Bastien qui a trouvé un refuge dans le bouddhisme, tandis que René Hardy se prépare à entrer dans les ordres. Elle réussit particulièrement dans l'envoi de messages télépathiques. »

Lydie va désormais emprunter des chemins plus dissimulés, hors de la curiosité des juges et de la presse...

---

1. Voir le cahier d'illustrations hors texte.

XIV

Lydie Bastien vit avec un riche industriel proche de Moscou

Lydie déserte donc les feux de la rampe mais ne mène pas pour autant une vie modeste. Elle se promène en effet dans une somptueuse voiture décapotable et partage son temps entre Saint-Germain-en-Laye et la Côte d'Azur où son riche amant possède une propriété. Berthe, son amie d'enfance, se souvient d'être allée prendre le thé à Saint-Germain-en-Laye à l'époque où Lydie vivait avec « Sam ». La famille de celle-ci précise qu'il s'agissait d'un riche industriel. Berthe a été une fois de plus subjuguée par « sa » Lydie qui faisait décidément tout mieux qu'elle, ainsi que le lui ressassait sa mère : « Lydie est parfaite dans tous les domaines ; elle fait bien la cuisine et ne prend même pas de tablier, sans pour autant se tacher ; elle confectionne ses robes elle-même, alors que toi... »

La voici donc qui dispose maintenant de beaucoup d'argent, de belles toilettes, de belles fourrures et d'un beau chien briard, mais, cette fois, ce n'est pas grâce aux faveurs d'un industriel « collabo », mais grâce à un homme d'affaires juif et... proche des Soviétiques !

« Sam » est en réalité Samuel Ogus, né à Wilno (ou Vilnius) en avril 1895. Les Ogus avaient été liés aux tsars sur plusieurs générations. On raconte même dans la famille qu'ils avaient un lien de parenté avec Raspoutine ! Ogus avait créé et fait prospérer la Transcontinentale de pelleterie, une société d'import-export de fourrures très florissante. Il était après la guerre le plus gros importateur européen de fourrures, lesquelles venaient pour l'essentiel des pays de l'Est, *via* Leipzig. Ogus était connu dans certains milieux pour prêter de l'argent à des taux usuraires.

Plus important que les moyens utilisés par Ogus pour gagner de l'argent, ce sont ses relations qui méritent l'attention et qui attirent en tout cas celle des services de contre-espionnage français. Il est en effet très lié à certains milieux financiers gravitant autour du Parti communiste au début des années 50. Samuel est ainsi en relations étroites avec Charles Hilsum, directeur de la Banque commerciale de l'Europe du Nord, banque soviétique connue pour financer le PCF. Au demeurant, il est clair qu'on ne peut alors faire des affaires fondées pour l'essentiel sur des importations en provenance des pays de l'Est sans être protégé par Moscou. A noter enfin que la maison Mory, proche du PCF, l'était aussi de Samuel Ogus.

Mais, en 1955, les banques de celui-ci prennent peur et le lâchent. Le krach est imminent, le trou financier énorme. Et puis il y a Lydie...

Samuel Ogus se suicide le 12 novembre 1955 en se jetant sous une rame de métro à la station Étoile. Les policiers chargés de l'enquête concluent que cette fin brutale n'a aucun rapport avec la liaison que le défunt entretenait avec Lydie Bastien[1]. Pourtant, quarante-quatre ans plus tard, la famille Ogus, encore traumatisée par ce scandale, explique sa mort par « une affaire d'espionnage liée à Lydie Bastien et au krach... ».

J'aurais aimé écrire un plus long chapitre sur ce pan de la vie agitée de Lydie Bastien, mais les portes des tout derniers témoins sont restées closes. Les questions pourtant se bousculent : que faisait Lydie Bastien avec un homme proche du PC et des Soviétiques ? Était-ce seulement pour son argent et ses fourrures ? Le PC et/ou Moscou l'ont-ils aidée en échange de certaines informations ? Après avoir collaboré avec l'Abwehr, Lydie Bastien aurait-elle travaillé pour le KGB ?...

Des questions qui se posent et s'imposent d'autant plus que ce n'est pas la première fois que Lydie Bastien entretient des relations avec un homme soupçonné de travailler pour le SR soviétique. Et ce n'est pas la dernière...

---

1. In *Le Monde* du 16 novembre 1955.

XV

« Lydie Bastien travaillait pour nous »

Voltaire Ponchel est un ancien du Commissariat aux prisonniers de Vichy, passé, comme François Mitterrand, au MNPGD, le mouvement de résistance des prisonniers. Il a participé ensuite à la création d'un réseau de renseignement à l'intérieur des camps de prisonniers en Allemagne, puis a intégré le Centre de liaison et de documentation (CLD) pour en devenir le chef d'état-major. Le CLD était un service de renseignement qui dépendait à la fois de la DGSS[1] et du ministère de Frenay. Son objectif était de fournir des renseignements sur les camps, pouvant servir aux Alliés à monter des opérations d'intervention à l'arrière du front.

Après mai 1945, Ponchel, qui aime jouer les hommes de l'ombre, va continuer à s'occuper de renseignement dans l'Allemagne occupée, puis dans la RFA à ses débuts. Il travaille d'abord à l'Office tripartite de la circulation à Baden-Baden, et, de par ses fonctions, est en relations étroites avec les services américains et britanniques, ainsi qu'avec l'organisation « Gehlen ».

---

1. Futur SDECE, puis DGSE.

Reinhardt Gehlen avait été le patron de l'Abwehr sur le front de l'Est, puis celui du FHO *(Fremde Heere Ost)* sous la direction de Heinrich Himmler. En échange de sa liberté, Gehlen a proposé aux Américains son organisation, ses hommes et ses archives. L'OSS, puis la CIA l'ont ainsi récupéré. Oscar Reile, qui fut en France le patron de l'Abwehr III F (c'est-à-dire le service de contre-espionnage militaire installé à l'hôtel Lutétia), travaille lui aussi pour l'organisation « Gehlen ».

Voltaire Ponchel quitte Baden-Baden pour Bad Godesberg où s'installe en 1949 le Haut-Commissariat de France (qui deviendra ensuite l'ambassade de France). Pour l'aider dans son travail de contrôle de la frontière entre la République fédérale et la RDA, il utilise deux anciens agents de l'Abwehr. C'est dans le cadre de ses fonctions qu'il fait la connaissance d'Oscar Reile. Après plusieurs rencontres, ce dernier lui confie que Lydie Bastien a été jadis recrutée par ses services et ensuite affectée au SD de Lyon pour lutter contre la Résistance.

Ponchel, qui a longtemps travaillé pour Henri Frenay et est resté proche de lui, transmet aussitôt cette information de premier ordre à l'ancien patron de Combat qui se trouve ainsi conforté dans ses propres soupçons envers Lydie Bastien. Henri Frenay contacte sur-le-champ le colonel Paillole pour lui demander une nouvelle fois d'enquêter sur les contacts qu'a noués Lydie Bastien avec les Allemands[1].

Voltaire Ponchel met également le colonel Groussard dans la confidence. Depuis quelques années, les deux hommes se rencontrent régulièrement. Ils ont été

---

1. Entretien avec le colonel Paillole, 1er avril 1999.

présentés l'un à l'autre par Pierre Chigot et Jean Cuene-Grandidier qui, à la fin de la guerre, avaient travaillé à Genève pour l'antenne du MNPGD et avaient ainsi fait la connaissance du « colonel Gilbert », c'est-à-dire le colonel Groussard. Quoique à la retraite, ce dernier est toujours aussi friand de renseignements, plus spécialement quand il est question de l'Allemagne. Mais, en l'occurrence, il s'agit de tout autre chose, qui excite encore bien davantage celui que tout le monde appelle « Éric » à cause de son crâne chauve et de sa ressemblance frappante avec l'acteur allemand Erik von Stroheim. Groussard n'a pas du tout « digéré » la façon dont se sont déroulés les deux procès Hardy. Non seulement il est convaincu de la trahison de ce dernier, mais il n'a pas supporté la façon dont la Justice a traité à deux reprises Edmée Delettraz, l'un de ses agents.

Avant le premier procès, Groussard avait pourtant bien cru maîtriser la situation. Il avait en effet déjeuné avec le commissaire du gouvernement Sudaka et l'avait convaincu de l'importance du témoignage d'Edmée Delettraz. Mais, comme on l'a vu, Me Maurice Garçon et René Hardy avaient réduit à néant tous ses efforts.

Groussard avait ensuite tenté de redonner du crédit au témoignage fondamental d'Edmée après qu'il se fut lui-même sorti des griffes de la Justice à propos de l'histoire de la Cagoule. Le 21 juin 1948, il avait été interrogé par le commissaire Henri Guyader. Après avoir raconté comment Edmée était entrée à son service – elle lui avait été présentée par les Britanniques –, puis avoir décrit les conditions dans lesquelles elle était tombée entre les mains des Allemands, il en était venu à l'essentiel : son adjoint, Jean Cambus, lui avait rendu compte, le 22 ou

23 juin 1943, du rôle de René Hardy dans le drame de Caluire, et des efforts d'Edmée Delettraz pour avertir la Résistance du piège tendu par les Allemands. Groussard avait ainsi accrédité le témoignage d'Edmée Delettraz et réitéré la confiance qu'il avait toujours placée en elle.

Une semaine avant le second procès, Edmée Delettraz avait fait l'objet d'une information judiciaire. Puis, au cours des débats, elle s'était retrouvée broyée par l'interrogatoire de Me Garçon, au point que le président, on l'a vu, avait été tenté de l'arrêter en pleine audience.

A aucun moment du procès, Hardy n'avait été traité de cette façon, alors que c'est lui qui était accusé, et même si Edmée Delettraz portait elle aussi une part de responsabilité dans l'arrestation de Caluire, celle-ci n'aurait pas dû atténuer celle, beaucoup plus grande, de Hardy...

Après qu'on a fait subir un tel traitement à l'un de ses ex-agents, l'amertume de Groussard est telle qu'il provoque en duel Me Garçon, avec Dominique Ponchardier, le baroudeur gaulliste, et le colonel Devigny comme témoins... Une amertume que sa « belle-sœur », Antoinette Sachs (en fait, la sœur de sa maîtresse, Suzanne Kohn), partage. Tous les deux cherchaient avec la même énergie à faire éclater la vérité.

C'est donc en connaissant bien la disposition d'esprit de Groussard que Voltaire Ponchel lui communique les révélations d'Oscar Reile. « Éric », surexcité, demande aussitôt à son interlocuteur à rencontrer à son tour l'ancien patron de l'Abwehr III F.

Quelque temps plus tard, le colonel Groussard, accompagné d'un colonel d'aviation, s'entretient avec Oscar Reile qui lui renouvelle ses dires sur le rôle de Lydie

Bastien, son embauche par l'Abwehr, son « prêt » au SD de Lyon, enfin son rôle dans l'affaire de Caluire. Plus généralement, l'ex-patron de l'Abwehr III F lui expose sa propre version de toute l'affaire, y compris du rôle de René Hardy et des conditions dans lesquelles celui-ci a été blessé...

Le colonel Groussard reste quelques semaines en Allemagne pour mener à bien son enquête à partir des renseignements fournis par Oscar Reile et d'autres agents de l'Abwehr.

Ponchel et son ami Jacques Bénet[1] se souviennent fort bien, aujourd'hui encore, de l'enquête menée par Groussard, notamment de sa rencontre avec un Allemand qui avait aidé Hardy à se blesser « proprement »... Le colonel Paillole, mobilisé à l'époque par Henri Frenay pour enquêter sur Lydie Bastien, est tenu au courant des investigations du colonel Groussard sur Lydie Bastien, René Hardy et l'ensemble du drame de Caluire.

Il existe au moins une trace de cette enquête de Groussard, *alias* « colonel Gilbert », dans les papiers d'Antoinette Sachs, l'amie intime de Jean Moulin qui consacra une bonne partie de sa vie à enquêter elle-même sur la trahison de Caluire[2]. Le 26 juin 1963, Antoinette a en effet griffonné une note que j'ai retrouvée dans le Fonds Antoinette Sachs[3] et exploitée dans mon travail biographique consacré à Jean Moulin... Une partie de cette note est clairement attribuée au colonel Groussard (« commu-

---

1. Entretiens avec l'auteur, mars 1999. Jacques Bénet avait été tenu informé des révélations d'Oscar Reile d'abord par son ami Voltaire Ponchel, puis par le colonel Groussard en personne.
2. Lire à ce sujet *Vies et morts de Jean Moulin, op. cit.*
3. Le Fonds Antoinette Sachs se trouve au musée Jean-Moulin à Paris.

niqué par le colonel Gilbert »), qu'elle connaît bien, l'autre partie fait référence à des « Allemands qui ne veulent rien écrire, car ils sont *toujours en activité* » (définition qui correspond aux Allemands de l'organisation « Gehlen » ou de son successeur, le BND, que Voltaire Ponchel puis le colonel Groussard ont rencontrés en Allemagne) :

« Blessure au bras. Renseignements formels donnés par le sous-officier allemand qui a blessé Hardy :

Il s'agissait de tirer au bras de Hardy de sorte que l'os ne soit pas cassé et les nerfs ne soient pas coupés. Barbier consulte les compétences de l'hôpital allemand de Lyon et c'est le *Sanitäts-renter-offizier* Brackmann qui a tiré la balle dans l'avant-bras de Hardy.

Brackmann était encore vivant en 1956, mais, à l'époque, il n'a rien voulu d'écrit.

Communiqué par le colonel Gilbert (al-g1) :

Hardy était en rapport depuis longtemps et travaillait pour le commissaire Richard, de la Section anticommuniste. [Celui-ci] fut fusillé en 1948.

Ce Richard travaillait lui-même avec l'Abwehr III F (siège au Lutétia à Paris). Avec lui, le comte Kreuz (pseudo connu : "Lacroix") qui lui-même dépendait de Reile (ultra-secret, car professe encore), adjoint de l'amiral Canaris. Le comte Kreuz était, il y a quelques années, hôtelier à Algésiras. Hardy fournissait à Richard des renseignements sur le Commandement français. En échange, il était protégé par l'Abwehr. Mais les Allemands eurent à se plaindre de la manière dont Hardy menait double jeu, et Kreuz lui donna une dernière chance, faute de quoi il serait sérieusement saqué. Cette dernière chance fut le montage de l'affaire de Caluire.

Les Allemands qui ont donné ces renseignements ne veulent rien écrire sur ce qu'ils savent, car ils sont toujours en activité.

Mais ils estiment que le gouvernement français était parfaitement au courant, puisque :

1) le dossier Richard doit encore exister, avec tous les détails (DST) ;

2) les témoins gênants pour Hardy (Allemands de l'Abwehr) ont été fusillés avant d'être interrogés au cours du procès.

En 1956, Kreuz dirigeait un hôtel à Algésiras. »

Nous reviendrons ultérieurement sur cette note, mais on peut déjà relever qu'elle inscrit la tragédie de Caluire dans le cadre d'une manipulation de l'Abwehr III F dirigée par Oscar Reile. A cette époque, les recherches des uns et des autres sur Lydie Bastien et René Hardy n'étaient pas encore ébruitées, mais on ne peut néanmoins exclure que Lydie Bastien ait été mise au courant de toute cette agitation la concernant...

XVI

Lydie Bastien fuit la France, d'abord en Inde, puis aux États-Unis

Décidément, pour Lydie, les choses se gâtent en France après l'affaire Ogus. Ses informateurs – car elle dispose manifestement d'un bon réseau – lui ont probablement rapporté les confidences d'Oscar Reile. Dans un premier temps, elle part pour Bombay (mais il semble qu'elle ait alors déjà fait plusieurs voyages en Inde). Elle y parfait ses connaissances ésotériques, rencontre un maharadjah qu'elle subjugue et à qui elle se fiance. Elle bénéficie à nouveau d'un grand train de vie, réussit à fréquenter la *jet-set* locale. Elle crée même la Société pour la recherche psychique en juillet 1956 puis, en juin 1957, un Conseil international pour la recherche sur la nature de l'homme, avec le ministre indien du Travail, le vice-chancelier de l'Université de Delhi, et Mme-Rameshwari Nehru.

Tom Slick, richissime pétrolier de San Antonio, au Texas, assiste au lancement de ce dernier organisme. Il participe ensuite à plusieurs expériences de spiritisme ou d'hypnose faites sur place sur des Indiens. Devient-il à son tour l'amant de Lydie ? Mystère. De six ans l'aîné de la jeune femme, il est encore bel homme et dépense beaucoup pour chercher les traces du yeti au Népal, ainsi que celles du « grand-pied » aux États-Unis. Il est aussi très intéressé par l'étude des phénomènes paranormaux...

A Srinagar, au Congrès philosophique de l'Inde réuni en 1957, Lydie rencontre également le professeur Bakhitov, de l'Académie des sciences et de l'Institut de philosophie de l'URSS. Un peu plus tard, elle demandera à Tom Slick, en partance pour Moscou, de rendre visite de sa part au professeur : « Je m'étais rendu compte à l'époque que les Russes n'étaient pas très avancés dans le domaine parapsychologique, et mes propos sur la question les avaient passablement intrigués », écrivit-elle bien des années plus tard[1].

De ces quelques lignes décousues – dues à la faiblesse de mes informations sur cette période de sa vie – on peut néanmoins déduire que Lydie Bastien poursuit jusqu'en Inde les expériences qu'elle menait en France, et qu'il n'est pas impossible qu'elle ait continué d'entretenir un certain nombre de contacts avec des Soviétiques...

Il n'est décidément pas facile de suivre désormais les traces de la « Mata-Hari de la Résistance » ! Elle revient peu de temps en France et liquide alors tout ce qu'elle possède – bijoux et fourrures – pour « recommencer une nouvelle vie aux États-Unis », se souvient son amie

----

1. Dans une lettre datée du 26 décembre 1988, destinée au professeur Rémy Chauvin, mais probablement jamais envoyée. Voir *supra*.

Berthe. Mme Gascard, sa « tante Suzanne », lui a ainsi racheté à l'époque un manteau de vison...

Le 25 janvier 1958, le jour « J » est arrivé pour Lydie Bastien. Elle reçoit l'ancienne *first lady*, Eleonore Roosevelt, veuve du grand vainqueur de la Seconde Guerre mondiale, invitée d'honneur à l'inauguration du Centre culturel indien, situé à côté de Central Park. L'inauguration de ce centre est couplée avec celle de la branche new-yorkaise du Conseil international pour la recherche sur la nature de l'homme, dont la responsable n'est autre que Lydie. L'ambassadeur américain Arthur Lall, spécialisé à l'ONU dans les relations avec l'Inde, se tient aux côtés de la resplendissante Française dans la plénitude de ses trente-cinq ans.

La cérémonie commence par un chant dédié à la déesse Sarasvati, puis un membre important de la délégation indienne aux Nations unies lit un certain nombre de messages reçus par Lydie Bastien, parmi lesquels ceux, très chaleureux, du vice-président de l'Union indienne, du ministre du Commerce (et futur Premier ministre) Morarji Desaï, du sénateur américain John Sherman Cooper, ancien ambassadeur à New-Delhi, ainsi que d'un certain nombre d'universitaires et de la présidente de la Fondation de parapsychologie. Puis Lydie se lance dans un grand discours. Elle fait un long éloge de Mme Roosevelt qui sert si bien la paix et les intérêts suprêmes du peuple américain. Le Centre est présenté comme un outil destiné à favoriser une meilleure compréhension entre les États-Unis et l'Inde en diffusant de l'information dans les domaines de la peinture, de la musique, de la danse et de la vie en général :

« Le message de l'Inde depuis des temps immémoriaux a été de souligner la nécessité d'une investigation métaphysique dans la nature fondamentale de l'Homme et de l'Univers. L'Inde a réussi d'incomparables résultats et élaboré une méthode d'introspection et de découverte personnelle qui peut être utilisée dans le monde d'aujourd'hui [...] Nous avons ouvert ce centre au cœur de New York, la capitale du monde occidental, dans le but de rendre accessibles les études indiennes les plus avancées dans la science de l'Esprit... »

Lydie Bastien se lance ensuite dans de grandes déclarations sur la paix, l'amitié entre les peuples, sous les auspices de la Divine Providence et de son propre centre qui va favoriser tous les canaux du Travail cosmique et transformer l'égocentrisme en émanations de l'Amour, de la Vérité et de la Beauté :

« Un plan d'action a été élaboré et discuté avec quelques-uns des plus brillants esprits d'aujourd'hui. Nous vous demandons votre compréhension, votre aide et votre assistance dans cet effort qui concerne chacun d'entre nous en tant que membre de la famille humaine. Venez tous pour construire ensemble un monde meilleur dans lequel l'homme sera plus heureux, parce qu'il mettra vraiment en pratique son idéal le plus élevé. Puisse la Divine Providence nous inspirer tous, hommes et femmes de bonne volonté ! Ainsi la paix régnera parmi les nations et les peuples, et nous pourrons appliquer la parole du Maître : "La paix sur la Terre sera donnée aux hommes de bonne volonté"... »

Applaudissements. Lydie Bastien presse ensuite l'ancienne *first lady* de prendre la parole. Eleonore Roosevelt se demande manifestement ce qu'elle fait là après avoir entendu ce discours quelque peu « allumé ». Après avoir prononcé quelques mots sur la compréhension entre les peuples, elle se borne à faire part de sa méconnaissance des raisons qui ont présidé à la création de ce centre...

Comment Lydie Bastien est-elle entrée aux États-Unis ? Protégée par qui ? Qui a convaincu Mme Roosevelt de se déplacer pour inaugurer son Centre culturel indien ? Avec quel argent a-t-elle monté ce dernier ? Chaque étape de sa biographie laisse ainsi son lot de questions sans réponse...

Bien des années plus tard, à Paris, elle affirmera à ses proches que le sénateur américain John Sherman Cooper était l'un de ses « disciples et que, grâce à une information communiquée par lui – sur la réalité de la menace nucléaire américaine contre l'URSS après l'installation de missiles soviétiques à Cuba à l'automne 1962 –, elle avait joué un rôle dans cette grave crise mondiale en communiquant l'information à son ami le ministre indien du Commerce, Morarji Desaï, qui l'avait aussitôt transmise à Moscou. Mythomanie ?...

Rapidement, Lydie Bastien va officier outre-Atlantique sous le nom d'« Ananda Devi ». Ananda est un soldat de Bouddha, alors que *devi* veut dire « déesse » en hindi, mais, avec le cynisme qui la caractérise, il n'a pas échappé à Lydie que c'était aussi, en anglais, « démon » *(devil)* avec un *l* en moins...

Toujours à New York, elle fonde en 1960 « The Hindu Anand mandir ». Elle intervient dans les journaux pour promouvoir son Centre. Elle signe en 1961 un article, après la mort de Carl Jung, le disciple de Freud proche du pouvoir hitlérien, dont elle rattache l'œuvre à la philosophie hindoue.

Elle se fait une place dans un monde où la frontière entre adeptes sérieux et « illuminés », escrocs et honnêtes gens, est souvent fort ténue. Mais elle y rencontre ce qui se fait de mieux dans le genre et qui, en tout cas, porte un « nom ».

Lydie Bastien fréquente ainsi le romancier britannique Aldous Huxley qui prône alors l'usage de la mescaline pour stimuler la conscience de l'homme, avant d'encourager celui du LSD. Il partage avec Lydie son vif intérêt pour la philosophie hindoue. Huxley lui présente Andrija Puharich, connu aujourd'hui pour avoir rendu célèbre Uri Geller, l'homme qui prétendait tordre les cuillers et les barres de fer par simple influx mental... Dans les années 50, Puharich se bornait à travailler sur les relations entre parapsychologie et médecine.

Lydie connaissait également Morey Bernstein, une hypnotiseuse fameuse aux États-Unis. En 1952, des journaux on ne peut plus sérieux racontaient qu'elle avait hypnotisé Virginia Tighe qui, une fois endormie, s'était mise à parler le vieil irlandais, prétendait être Bridey Murphy, originaire de Cork, et chantait de vieilles mélodies de l'île... Morey Bernstein avait écrit un best-seller, *A la recherche de Bridey Murphy*, pour décrire ses expériences qu'un journal de Chicago avait mises en doute.

« Ananda Devi » rencontre aussi Peter Hurkos, un Hollandais spécialisé dans la psychométrie, discipline servant à mesurer la capacité d'un individu à obtenir de l'information sur un objet ou sur son propriétaire rien qu'en le touchant. Différentes polices à travers le monde ont utilisé ses dons pour, dit-on, résoudre l'énigme de certains crimes.

Elle revoit également le richissime Tom Slick, qui fréquente ces milieux pour le moins insolites, et aurait été, selon le témoignage de son amie Louise, la maîtresse d'un haut diplomate indien à Washington.

D'après ses propres dires, elle se livre à des « expériences de reconstitution [...] et bien d'autres choses encore, beaucoup plus hermétiques, en rapport avec l' "ascension" et la "descente" décrites par Plotin, et où les composantes espace-temps, masse, mouvement, vitesse, énergie se trouvent recombinées et totalement bouleversées par rapport aux notions que nous en avons communément sur Terre... entre autres expériences tout aussi fascinantes [...]. Tout ceci engendrant une dynamique d'action sur Terre à laquelle on ne peut échapper, résultat de l'impact d'une Volonté cosmique s'exerçant à notre époque sur les plus "disponibles" d'entre nous[1]... ».

Le lecteur excusera ce jargon pour le moins hermétique : c'est celui dans lequel s'exprime Lydie Bastien.

Elle continue de pratiquer le yoga, l'hypnose, et se livre à diverses expériences sur des gens qui réagissent d'autant mieux qu'ils sont plus fragiles. Côté jardin, les mondanités ; côté cour, des paumés et des désaxés, véritables marionnettes entre ses mains. Jack Kennedy fut de ceux-là. Il est le fils du commandant des sapeurs-pompiers de San Francisco, qui a édifié une coquette fortune dans la spéculation foncière. Belle gueule à la Lee Marvin, il a aussi quelques problèmes, à tel point

---

1. Lettre du 26 décembre 1988, déjà citée.

que son père a souhaité le faire enfermer dans un asile. Jack est tout jeune. Il se laisse fasciner par Ananda Devi, devient son amant et un « cas » intéressant. Elle le baptise d'un nom indien, Premananda Deva. Avec elle, il est soumis comme un petit enfant et exécutera ses quatre volontés jusqu'à la mort de Lydie. Quand elle se lancera dans les affaires, c'est Jack Kennedy qui l'aidera financièrement. C'est de cette manière que ce dernier sera conduit à faire la connaissance, au Canada, de Daniel Dreyfus, un Français, propriétaire d'une usine d'émaillage, en étroites relations avec une firme de tracteurs, elle-même « faux-nez » des Soviétiques. Lydie Bastien essaiera d'introduire lesdits tracteurs dans certains pays d'Afrique...

La famille et les proches amis de Lydie ne sont pas d'un grand secours pour combler les nombreuses lacunes existant sur son époque américaine. Ils ont bien essayé de savoir ce qu'elle faisait à New York, mais n'ont pas appris grand-chose. Son cousin médecin envoya ainsi un de ses jeunes étudiants pour la rencontrer. L'étudiant fut effectivement reçu dans son appartement et la trouva assise sur un sofa, vêtue de façon extravagante. Quant à Bettie, son amie d'enfance, sa « cousine », n'ayant plus reçu aucune nouvelle de sa tendre amie, elle la croyait morte.

Il semble qu'à partir de 1962, Lydie fasse des aller-retour entre Paris et New York, avant de se réinstaller définitivement en France. Après la disparition du Centre de New York, elle crée, en 1962, le Centre culturel de l'Inde à Paris sous le haut patronage d'André Maurois. Elle montre toujours la même habileté à entraîner dans ses histoires des personnalités qui ne savent pas toujours pourquoi ils agissent ainsi. Elle est assistée dans cette affaire par le docteur Louis Le Thomas, assistant du professeur Calmette, de l'institut Pasteur. Dans son discours inaugural, elle développe les mêmes thèmes que lors de l'inauguration de son Centre new-yorkais : elle veut jeter un pont entre l'Occident et l'Inde, qui contribuera à la « connaissance de la nature essentielle de l'Homme... »

Une « sale affaire » aurait précipité son départ définitif des États-Unis. Un des paumés[1] qui gravitaient autour d'elle se serait jeté par la fenêtre de son appartement à elle. Une enquête aurait été ouverte par le FBI...

Elle revient donc en France au milieu des années 60 avec Jack Kennedy dans ses bagages. Elle reprend avec lui un bar-discothèque, rue Jules-Chaplain, à Montparnasse, qui prend le nom de « Jacky Western Saloon ». Lydie Bastien est effrayée par Mai 68 : elle a peur que les jeunes balaient tout. Elle ouvre trois comptes au Lichtenstein, un pour elle, un autre pour Kennedy et le dernier pour un jeune marginal Américain débarqué récemment de New York, Charles Boragi. Celui-ci est arrivé aux côtés de Lydie Bastien par l'intermédiaire du chanteur Dave qui pousse la chansonnette dans son bar. Au début, Boragi n'est que cuisinier, mais, rapidement, un lien très fort va l'unir à Lydie Bastien. Il la considère comme une seconde mère. Il est un peu paumé : elle l'entraîne dans son monde, et devient un fervent adepte du yoga...

Aujourd'hui encore, il parle[2] d'elle avec chaleur et ne retient que ses côtés positifs. Il raconte avec un sourire

---

1. Son amie Louise a entendu dire qu'il s'agissait d'un « agent soviétique ».
2. Entretien avec l'auteur, le 14 mai 1999.

malicieux avec quelle énergie elle fit signer, après mai 1968, une pétition à de nombreux clients et personnalités pour contrecarrer une demande de fermeture de son bar émanant de ses voisins, indisposés par le bruit. Boragi l'accompagna alors jusqu'au ministère de l'Education nationale pour rencontrer son ami Edgar Faure. Elle plaida que la fermeture de son établissement provoquerait de graves manifestations à Montparnasse !... Lydie Bastien sollicitait également, de temps en temps, René Lacombe, qui était devenu vice-président de l'Assemblée nationale...

Boragi ne tarde pas à prendre de l'importance, puisqu'il va être associé à Lydie dans la SCI qui gère le bar ; celui-ci change alors de nom et devient Le Boucanier. Boragi partage avec Kennedy son appartement du boulevard Pasteur. Lydie Bastien fait du Boucanier son domicile légal et son quartier général, là où elle donne tous ses rendez-vous de famille et d'affaires.

Après son retour des États-Unis, elle a en effet repris contact avec les siens. Elle a été dans le Nord, rendre visite à sa famille d'Ohain à bord d'une énorme voiture américaine conduite par un chauffeur, renforçant ainsi son image d'originale dont on ne sait rien. Elle invitera les uns et les autres à dîner au Boucanier. Elle cultive toujours le mystère sur ses activités, sur l'origine de son argent, sur son adresse. Pour lui téléphoner, les instructions sont formelles : laisser sonner trois fois, raccrocher et rappeler à nouveau. Elle décroche alors à la première sonnerie...

Elle revoit également sa demi-sœur Le Guen, la première fille de sa mère, née à Vitré à l'époque où celleci y tenait un hôtel-restaurant. Cette demi-sœur a été reniée par le reste de la famille à cause de ses mœurs supposées très légères. Certains parlent même encore aujourd'hui de « la putain ». Elle habite avenue Foch, elle a énormément d'argent, dont une très grosse fortune en bijoux qui s'expliquerait par une liaison avec un diamantaire hollandais. Sentant sa mort prochaine, sur son lit d'hôpital, elle confie à Lydie les beaux bijoux qu'elle a près d'elle et lui fait don de tableaux. Sitôt après la mort de sa demi-sœur, Lydie demande à Charles Boragi de l'accompagner à l'appartement de celle-ci. Las, le coffre a déjà été ouvert et les joyaux se sont envolés... Lydie Bastien porte plainte, mais, selon Boragi, « un personnage important » bloquera cette action.

Lydie Bastien a beaucoup changé. Il est loin, le temps de la vamp aux yeux de braise qui faisait retourner tous les hommes sur son passage. Elle a maintenant un double menton. Son amie d'enfance, Berthe, qui la rencontrera par hasard aux Puces au milieu des années 70, ne la reconnaîtra même pas. Interpellée par Lydie, elle aura beaucoup de mal à l'identifier.

Invitée par le général de Bénouville à un cocktail à *Jours de France*, auquel elle se rend en compagnie de Charles Boragi, l'ancien adjoint de Frenay lui serre la main et lui dit avec un sourire équivoque : « Vous prenez de l'importance, Lydie !... »

Lydie Bastien a pris ses habitudes à Montparnasse et va souvent à La Coupole dont le patron, connu à New York, est devenu un de ses « clients » fidèles. Elle a repris en effet ses activités que j'ai toujours autant de mal à définir, mais où l'Inde, l'hindouisme et l'hypnose tiennent une grande place. En réussissant à faire revenir des États-Unis un jeune parent du propriétaire du fameux

177

établissement, lequel sombrait dans la drogue, elle s'attire définitivement la reconnaissance de cette famille.

Outre ses activités de médium, de voyante, et de tenancière – elle prendra également en main un bar avec quelques filles, boulevard Henri-IV, le Gabrielle d'Estrées –, elle en a de beaucoup plus mystérieuses. Lydie Bastien rencontre de drôles de personnes au Boucanier : émissaires énigmatiques de pays de l'Est, de l'ambassade de l'Inde, d'Afrique, trafiquants d'armes... Boragi, qui est plutôt naïf, ne comprend pas grand-chose à tout cela mais est parfois étonné par ce qu'il voit ou subodore :

> « Le premier personnage mystérieux et pas net que j'aie remarqué dans l'entourage de Lydie Bastien a été Bob Orazi, un Juif sicilien du Bronx, qui était toujours à la recherche de "coups"... Kennedy l'a viré du bar et, quelque temps plus tard, il avait le FBI aux trousses parce qu'il avait volé la collecte de fonds effectués par l'American Legion de Paris en faveur d'Israël en octobre 1973. C'est par lui qu'est arrivé, un beau jour de 1978, un certain Ted Schuzman, Juif polonais, qui faisait dans le trafic d'armes et disait avoir de l'argent en Afrique. Mademoiselle Bastien a alors envoyé Jack Kennedy pendant plusieurs mois en Afrique... »

Un jour de 1978 qu'il pénètre dans la chambre de sa patronne, il tombe par hasard sur des documents en cyrillique qu'il feuillette rapidement : il y est manifestement question de la vente de chars soviétiques. A l'époque, Charles Boragi vient de tomber amoureux. Il estime qu'il est grand temps de prendre le large, mais ne tient pas pour autant rancune à « mademoiselle Bastien »...

Une autre personne a passé seize ans au Boucanier et en connaît donc au mieux les mystères : on ne la connaît que sous son seul prénom, Louise. Elle y entre en 1972 et y reste jusqu'à la fermeture de l'établissement en décembre 1988. C'est un vrai personnage qui n'entre dans aucune catégorie. De solides études en droit, lettres et musique ne l'empêchent pas de dériver encore à Saint-Germain des Prés, à trente-huit ans, sans bien savoir de quoi sera fait son lendemain. Elle boit beaucoup, chante, monte des spectacles à la Vieille Grille, entre autres cabarets, joue dans quelques films. En 1972, elle a tourné dans *Requiem pour un vampire*, de Jean Rollin, mais n'a pas assez d'argent pour louer un studio ou se payer une chambre d'hôtel. Elle habite chez une copine suédoise qui l'emmène au Boucanier. Elle interpelle Kennedy, qui lui semble être le maître des lieux. Il a de la stature, une belle gueule et un fort accent américain.

— Qui êtes-vous ? que faites-vous ?
— Je suis yogi !
Louise est interloquée.
— Où est votre gourou ?
— Venez demain matin ici, je vous le présenterai.
Le lendemain en fin de matinée, Louise est reçue par une femme en sari noir et or sur lequel est épinglé une très riche croix de Malte sertie de pierres précieuses, et remarque un énorme diamant à son doigt.
— Est-ce que vous croyez à la réincarnation ? lance d'entrée de jeu Lydie Bastien.
— Oui.
— Je suis une réincarnation de Cléopâtre.
— Et moi de Pythagore.

– Qu'est-ce que vous faites dans la vie ?

– Rien. J'habite chez une copine.

Louise aperçoit un piano dans le bar.

– Vous permettez ?

Elle s'installe au piano et se met à jouer du Chopin. Lydie est enthousiaste, elle a toujours eu un faible pour ce musicien qui la fait pleurer.

– Bien, voilà : vous allez jouer au Boucanier...

– Du Chopin ?

– Oui.

Lydie Bastien sort alors son carnet de chèques et commence à en remplir un.

– Je n'ai pas de compte en banque...

Lydie plonge alors la main dans son sac et en ressort une liasse de billets. Il y a là quelque deux mille francs.

... Louise égrène ainsi ses souvenirs dans une maison de retraite du XVe arrondissement de Paris. Elle est à la fois étonnée des révélations que je lui fais sur le rôle de Lydie pendant la guerre, mais, à la réflexion, point trop surprise :

« Quand, aujourd'hui, je pense à elle, c'est la figure de Lilith[1] qui me vient en tête. »

---

1. « Dans la tradition kabbalistique, Lilith serait le nom de la femme créée avant Eve, en même temps qu'Adam. Lilith deviendra l'ennemie d'Eve, l'instigatrice des amours illégitimes, la grande perturbatrice du lit conjugal... Elle n'a pu s'intégrer dans les cadres de l'existence humaine, des relations interpersonnelles et communautaires ; elle est rejetée dans l'abîme au fond de l'océan où elle ne cesse d'être tourmentée par une perversion du désir qui l'éloigne de la participation aux normes... Elle est comparée à la lune noire, à l'ombre de l'inconscient, aux obscures pulsions. » In *Dictionnaire des symboles*, Jean Chevalier et Alain Gheebrant, « Bouquins », Robert Laffont/Jupiter, nouvelle édition 1982.

Il reste néanmoins de la fascination dans la façon dont elle parle de Lydie Bastien. Elle avait, selon Louise, beaucoup de magnétisme et était capable d'une grande générosité tout en se montrant dure avec le personnel. Elle disait « mes malades » pour désigner ses employés. La propriétaire du Boucanier était ainsi capable de ramener dans sa boîte de nuit des petits Sri Lankais et d'exiger qu'on leur donne à manger avant qu'elle ne parte avec eux les habiller de pied en cap. Elle pleurait à chaudes larmes quand elle parlait de Raoul, son père. Louise raconte aussi qu'elle se voyait à la fois en Cléopâtre et en Kali, la déesse méchante. Elle était capable d'entrer en transes quand elle voyait des objets religieux, comme des crucifix.

Louise, qui était une sorte de doublure de Lydie Bastien, a davantage approché que Charles Boragi les troubles activités qui se tramaient au Boucanier. Deux mondes se juxtaposaient là, mais ne se fréquentaient pas.

Le premier était celui qu'on s'attend à trouver à Montparnasse : artistes, musiciens (un temps, les *rockers*), écrivains, journalistes, femmes et hommes en quête d'aventures, qui s'installaient là une bonne partie de la nuit, écoutaient distraitement le piano de Louise, le chanteur ou le violoniste de passage, riaient, buvaient, s'enivraient, flirtaient, s'enamouraient et quelquefois, l'alcool ou la drogue aidant, se battaient... La violence était fréquente au Boucanier : de vieux et anciens clients racontent bien des histoires qui ne viennent pas spontanément à la mémoire de Louise. Ainsi la défenestration d'une jeune fille marocaine, les coups de pistolet de René Hardy contre Jack Kennedy, les rackets du videur « yougo », le trafic de drogue qui se déroulait au sous-sol, ou encore le guet-apens tendu au début des années 80 par les « yougos », familiers de l'établissement, à un comédien qui avait raconté au bar qu'il allait toucher un héritage. L'homme est toujours dans un semi-coma à Berck...

Le second monde, beaucoup plus mystérieux, avait déjà quitté les lieux quand le premier arrivait. Sans bien connaître les détails, Louise sait que « des barbouzes, des mercenaires, des trafiquants d'armes, des Soviétiques, des Israéliens et des mecs de la CIA passaient, se rencontraient au Boucanier. Elle sait que s'y négociaient des contrats de ventes d'armes ; elle se souvient de l'exhibition d'échantillons, d'avoir vu par exemple des « lunettes infrarouges qui s'adaptaient sur les fusils ». Elle se remémore aussi quelques noms : Lev Simonov, qu'elle dit avoir appartenu au KGB[1], Mario Bucci, un trafiquant d'armes assassiné en Suède, Theodore Schuzmann, dit « Ted », autre trafiquant d'armes qui fut « flingué » en Floride. Louise décrit un monde où l'on mourait beaucoup. Il y eut des rixes à coups de flingue au Boucanier. En riant, elle raconte qu'un nez fut même sectionné au sabre, mais il s'agissait d'un accident ; dans la semi-obscurité, les gens durent chercher l'appendice coupé entre les pieds des tabourets.

Elle se souvient aussi de l'arrivée d'un « mec fêlé et brutal », Patrick B., qui était le tenancier du Gabrielle d'Estrées – un bar à filles du boulevard Henri IV, appar-

---

1. Vérification faite, Louise a raison : Lev Simonov était un agent important du SR soviétique, basé alors à Berne. Des hommes proches de Moscou et des agents soviétiques jalonnent, depuis au moins 1947, la vie de Lydie Bastien. Les mêmes questions resurgissent sans que je sois à même d'y apporter des réponses...

tenant à Lydie Bastien – et « marchait avec des ripoux ». Louise avance que Lydie Bastien ne se montrait pas seulement généreuse avec les petits Sri Lankais, mais distribuait des enveloppes à des policiers véreux qui étouffaient les scandales intervenus dans sa boîte.

Sur la période de la guerre, Lydie Bastien a été avare de confidences avec Louise. Quand son nom apparaissait dans les journaux et que celle-ci posait des questions, elle répondait que « c'était les suites des drames de la Résistance », que « Frenay la haïssait ». Elle se donnait le rôle de victime et se référait beaucoup au livre de l'ex-patron de la DST, Roger Wybot, qui la blanchissait[1]. Sur le drame de Caluire, elle se bornait à déclarer que « René Hardy était un menteur ». Et elle se vantait encore de la facilité avec laquelle elle rencontrait Pierre Laval, pendant la guerre, « pour lui parler de la France ».

Louise se souvient aussi de la venue au Boucanier, en 1984, de Me Vergès, accompagné du cinéaste Claude Bal et du journaliste Paul Ribeaud... Ou encore de la demande de « Madame » de trouver huit personnes pour « constituer un gouvernement cosmique » !

L'aventure de Louise avec Lydie Bastien s'est terminée avec la bagarre généralisée intervenue au Boucanier entre *blacks* et *punks* le 11 novembre 1988. Celle-ci s'était déclenchée du fait que Patrick B. avait assené un coup de matraque à un Noir. Louise avait décrété, la veille, qu'elle s'arrêtait de boire. Cette affaire, qui entraîna la fermeture du Boucanier, fut une aubaine pour elle puisqu'elle la coupait de sa principale source d'approvisionnement...

---

1. *Roger Wybot et la bataille de la DST*, Philippe Bernert, Presses de la Cité, 1975.

XVII

Victor, exécuteur testamentaire

Lydie Bastien partage donc sa vie entre ses activités de gourou pour quelques personnes en difficulté, celles de propriétaire du Gabrielle d'Estrées et du Boucanier, et celles, plus occultes, d'intermédiaire pour la conclusion d'affaires en Afrique. Elle dispose à cette fin d'une structure *ad hoc*, la Panafrican Trade Investment (PATIC), basée à Monrovia, qui dispose d'une boîte aux lettres à Londres. La présidente de la PATIC corrompt pour obtenir des marchés juteux en faveur d'entreprises qui n'oublient pas de la rémunérer grassement ensuite sur son compte *off shore*.

La PATIC est plus particulièrement engagée en Guinée sous le régime de Sékou Touré, grâce à ses relations soviétiques. Elle a notamment « poussé » un très gros dossier, celui du barrage de Koukouré. Las ! le sanguinaire Sékou Touré meurt et Lansana Conté le remplace au printemps de 1984. Lydie Bastien doit renouer les fils, retisser sa toile. Elle rencontre une de ses connaissances Ansaname Diawara, ancien pilote de Mig formé en URSS, qui n'est pas éloigné du nouveau pouvoir. La discussion tourne autour des moyens de relancer ses dossiers, mais Diawara doit repartir pour Conakry et Lydie Bastien souhaite garder le contact avec lui. Le Guinéen lui parle alors de son neveu, installé à Paris : Victor Conté doit se rendre pour la première fois de sa vie en Guinée à la fin du mois d'avril pour saluer sa famille qu'il ne connaît pas.

Lydie s'empresse d'appeler Victor :

– Bonjour, je vous téléphone de la part de votre parent, M. Diawara. Il m'a beaucoup parlé de vous. Je suis Mlle Bastien, une ancienne grande résistante, écrivain...

Ce 15 avril 1984, Victor Conté est particulièrement troublé par ce coup de téléphone.

– Nous ne sommes pas de la même génération, poursuit son interlocutrice, mais nous avons quelques points communs : la lecture, la musique et l'astrologie... Vous produisez des disques, m'a dit votre oncle... Je suis, entre autres, propriétaire d'un restaurant-discothèque... Je me permets de vous inviter à dîner ce soir. Donnons-nous rendez-vous au 14, rue Jules-Chaplain. J'ai hâte de voir l'élégant jeune homme qu'on m'a décrit...

Victor Conté est frappé par cet art de la flatterie et par cette façon de minauder. Le phrasé, à la fois suave et martelé, ne laisse pas place à la moindre réplique, à la plus légère hésitation.

– Si vous m'y précédez, présentez-vous au responsable de l'établissement, M. Jack Kennedy : il est prévenu de votre visite.

« Mlle Bastien » raccroche avant que Victor Conté ait vraiment pris conscience qu'elle n'a pas songé un seul instant qu'il pourrait refuser.

Victor Conté est né à Hanoi d'un père « tirailleur séné-galais » – ou plutôt, en l'occurrence, guinéen –, qui avait embrassé la carrière des armes, et d'une mère indochinoise. A six ans, il « descend » à Saigon, puis se retrouve en France après la chute de Diên Biên Phu. Il fait de bonnes études dans le Sud-Ouest et obtient une maîtrise de lettres classiques à Bordeaux. Il se rend aux États-Unis pour soutenir sa thèse sur « la violence aux USA ». Il entre alors dans l'enseignement, mais sa femme aspire à plus de soleil et de plages. Le couple s'installe donc à la Guadeloupe. Victor bifurque vers la radio, puis la télévision. Il anime plusieurs émissions qui ont du succès. Puis il devient l'animateur vedette local de *FR3* et produit plusieurs émissions, jusqu'en 1981. Sa réussite est facilitée par le fait que tout le monde le croit guadeloupéen. Il produit un disque intitulé *Danger*, se lie d'amitié avec nombre de gens du show-biz, de la mode (ainsi Paco Rabanne) et même de l'édition... Revenu en France, il décide de tenter sa chance dans ce qui est devenu sa passion : l'écriture et la production de chansons. En 1983, il découvre le compositeur Lionel Florence et tous deux décident de s'associer. Ils font même un premier disque, chanté par Lionel Florence, distribué par CBS et qui fait un... bide !

S'il n'a jamais mis les pieds en Guinée, Victor y a gardé de la famille. Le nouveau président est même un lointain parent. Là-bas, sitôt arrivés au pouvoir, les membres du nouveau gouvernement essaient de percer à jour les filières qui permettaient à leurs prédécesseurs de s'en mettre plein les poches...

Ce 15 avril 1984, à Paris, Victor se présente donc à 20 h 30 au 14, rue Jules-Chaplain, au Boucanier. « Mlle Bastien » n'est pas encore là. Victor se présente à Jack Kennedy, responsable des lieux, qui est en train de parler, avec un fort accent d'Outre-Atlantique, à une dénommée Louise[1]. Kennedy lui sert d'autorité un whisky, l'air de s'acquitter d'une consigne qui lui pèse. Le regard semblable au geste, machinal, un rien animal, vidé de toute humanité, il lui glisse un bonjour sec, agrémenté de quelques platitudes marmonnées en anglais.

Pour rappeler l'enseigne de l'établissement, la décoration tente maladroitement d'évoquer un ranch américain. Dans un coin, une roue de chariot avec un crâne accroché à un rayon. Sur le mur qui lui fait face, une peinture sur bois, aux couleurs défraîchies sous le vernis craquelé, représente un navire de corsaires. Des lampes-tempête suspendues au plafond projettent l'ombre déformée des balustrades en bois sombre qui séparent les différents niveaux de la salle.

Un claquement de doigts du responsable des lieux : deux Sri Lankais chétifs surgissent d'une pièce annexe, précédés d'une forte odeur de cuisine exotique. Les deux employés gazouillent obséquieusement à l'adresse de Jack Kennedy qui leur répond par un grognement avant même qu'ils aient terminé ce qui devait tenir lieu de rapport sur le menu du soir. Ils tournent les talons et les deux T-shirts rouges frappés du sigle Coca-Cola réintègrent la cuisine aménagée près des toilettes.

Jack Kennedy, que les clients s'amusent à appeler « John » a une cinquantaine d'années et ne semble guère

---

1. Voir chapitre précédent.

d'un naturel affable, en tout cas ni avec Victor, ni avec Louise, encore moins avec les quelques habitués accoudés au comptoir et qui s'interpellent par leurs prénoms.

En attendant « Mlle Bastien », Victor l'examine et essaie de deviner son histoire. Il lui trouve l'expression apeurée d'un Anthony Perkins dans *Psychose*, le fameux film de Hitchcock : toujours sur la défensive, le geste plutôt nerveux ; en revanche, un abdomen débordant sur le ceinturon semble indiquer une forte consommation d'alcool... A certains détails de sa mise, Victor perçoit que le temps et l'usure ont eu raison d'un esprit qui a dû être éveillé. Une tache de graisse sur la cuisse, un pantalon mal ou pas repassé, des sandales sur des chaussettes d'une propreté incertaine, une chemise usée sous un blazer défraîchi : autant de signes d'une lente et inéluctable déchéance personnelle...

Sur ces entrefaites, Lydie Bastien arrive.

Avec force séduction, malgré un physique boursouflé – elle pèse alors un peu plus de 100 kilos – qui n'a plus rien à voir avec celui qu'elle affichait dans les magazines d'après-guerre, elle a tôt fait d'entrer dans le vif du sujet. Elle sait que Victor se rendra quelques jours plus tard à Conakry ; elle souhaite qu'il intervienne auprès du nouveau président ou de membres de son clan pour réactiver un dossier relatif au financement du barrage sur le Konkouré, censé alimenter en eau et en électricité la Guinée et les pays limitrophes. « Mlle Bastien » lui remet à cet effet des documents expliquant les dessous de cette affaire, notamment pourquoi les investisseurs marocains pressentis à l'origine n'ont pas donné leur accord final. « Je suis l'un des maillons *sine qua non [sic]* du montage financier », affirme-t-elle. Puis la tenancière, qui intrigue de plus en plus le beau Victor, lui remet sa carte de visite : « Lydie Bastien, présidente de PATIC » Pour tous contacts en France, c'est l'adresse du 14, rue Jules-Chaplain qui est indiquée.

Victor Conté accepte de parler de son dossier aux autorités guinéennes si l'occasion se présente et « à condition que ce soit un *plus* pour le pays ». D'entrée de jeu, Lydie Bastien exige que la PATIC cofinance son voyage à Conakry.

Victor Conté découvre ainsi petit à petit les activités de son interlocutrice[1]. Elle lui parle de son « réseau ». Avant son départ, elle lui présente une de ses connaissances, une femme qui l'introduit auprès de l'ancien ministre Philippe Malaud, à l'époque président du CNI[2] :

> « J'ai entrevu M. Malaud quelques minutes au siège du CNI, le temps d'une poignée de main, et l'occasion pour lui de me remettre une lettre d'encouragement pour mon voyage avec la mention : "J'essaierai d'appuyer vos démarches pour contribuer au développement de votre pays". »

Lydie Bastien obtient également que sa « connaissance » rembourse le billet d'avion que Victor Conté avait déjà acheté. Bizarrement, c'est le journal d'extrême droite *National Hebdo* qui va s'acquitter de cet engage-

---

1. Victor Conté est l'homme qui m'a fait remettre certains documents après une conférence que j'ai donnée sur ma biographie de Jean Moulin à la FNAC de Montpellier au début de 1999. Ce chapitre est donc fondé sur ses confidences, illustrées par une documentation très importante prouvant à l'envi ses relations étroites avec l'ancienne fiancée de René Hardy.
2. Centre national des indépendants, formation de la droite classique.

ment. Il exige en contrepartie un reportage dont la définition est si tendancieuse que Victor Conté n'y donnera pas suite. Le « réseau » de Lydie Bastien ou au moins une partie de celui-ci s'étend bien aux nostalgiques de la France de Pétain...

Victor part donc pour Conakry, fait la connaissance d'une partie de sa famille, rencontre le président et certains membres du gouvernement, devient conseiller du ministre de la Communication et parle des affaires de Lydie Bastien. Pendant six ans, il va ainsi devenir le sésame de la « grande résistante » en Afrique, car son activité ne va pas tarder à déborder le cadre de la seule Guinée pour s'étendre notamment au riche Nigeria où il introduira également Lydie Bastien. Quant au travail de celle-ci, il est relativement simple : elle monnaie auprès des diverses entreprises les introductions décrochées par Victor auprès de certaines autorités africaines.

Cet ancien producteur de FR3 se meut dans un monde qu'il n'a jamais approché jusque-là et il peut constater l'ampleur des relations ou connaissances de Lydie Bastien. Il se souvient du baron Empain, du « milliardaire rouge » Doumenc, mais aussi du marchand d'armes Georges Starckmann, d'un haut responsable de Renault-Véhicules-industriels, etc. Ainsi que d'un ambassadeur tchèque descendu à l'hôtel Concorde-Lafayette, d'un émissaire soviétique logé à l'hôtel Scribe, d'un diplomate indien à l'Unesco, d'« envoyés spéciaux de Washington » – Lydie multipliait les sous-entendus à propos de ses relations avec les « services américains », lesquels, d'après elle, l'auraient protégée après la guerre en échange de certaines informations –, tous désireux de transmettre en 1987-1988 des messages au président du Nigeria Babangida...

Les dossiers soutenus par Lydie Bastien sont souvent douteux. Elle aide par exemple des Américains à implanter en Afrique des dépotoirs pour déchets nucléaires et est toute disposée à verser dans le trafic d'armes. Elle se livre aussi à du trafic de devises. Elle a ainsi « monté des coups » sur le *néra*, la monnaie nigériane, avec un gouverneur de la Banque centrale de l'époque. Si elle travaille pour des sociétés qui ont pignon sur rue, elle évolue aussi dans des milieux interlopes de petits ou gros trafiquants en tous genres. Elle redoute toujours de passer la douane des aéroports et n'hésite pas à prendre un taxi pour se rendre au Luxembourg, au siège de la Banque internationale du Luxembourg où Jack Kennedy possède alors un ou plusieurs comptes qu'elle utilise.

Au fur et à mesure de son implication dans le « système » de Lydie, Victor a ainsi vu passer de substantielles commissions. Il devient bientôt vice-président de la PATIC. Il se souvient d'un chèque sans ordre émanant d'une société française de travaux publics, d'un autre d'un million deux cent mille francs remis par une entreprise fabriquant des sacs plastiques à Hong Kong, etc. Quand les chèques sont d'un montant important, Lydie Bastien disparaît un jour ou deux. « Je suppose que c'était pour mettre le butin en lieu sûr », indique Victor. Quand les sommes sont plus faibles, il lui arrive de les faire transiter sur un des comptes de Kennedy, mais, comme elle ne souhaite pas être vue du guichetier, c'est Victor Conté qui, dans ce cas, accompagne Jack. C'est l'occasion, pour lui, de s'apercevoir que ce dernier n'est qu'un « homme de paille » peu conscient de ce qu'il fait. Victor affirme que pendant toute la période où il a travaillé avec Lydie Bastien, ce sont plusieurs dizaines de millions de francs qui ont transité sur ses comptes, et que lui aussi a fort bien gagné sa vie.

Quand de gros problèmes surgissaient, elle disait qu'elle allait faire intervenir de « hauts personnages » de l'État, ajoutant : « Ils me doivent bien ça. » Mythomanie ? Victor Conté ne peut répondre, mais atteste avoir rencontré divers élus comme, on l'a vu, Philippe Malaud et... Edgar Faure ! Il a accompagné la présidente de la PATIC jusque dans une salle du Sénat jouxtant un immense jardin d'hiver. Edgar Faure est arrivé et a zozoté un « Comment ça va, Lydie ?... ». Une seconde fois, Victor est resté en voiture à côté du palais du Luxembourg : il n'avait pu trouver de place où se garer, cependant que Lydie prétendait être allée voir quelques instants « son ami » Edgar...

Pour les menus problèmes liés à l'activité quotidienne de ses commerces, elle invitait certains « flics » de l'arrondissement à son restaurant. Un jour que Victor mangeait seul, il remarqua le manège de « Mlle Bastien » qui remettait une enveloppe pour les « bonnes œuvres » de la police. « Il n'y a pas de forteresse imprenable. Souvenez-vous-en !... », expli-quait-elle.

C'est au retour de Victor de son premier voyage en Guinée que Lydie Bastien l'a littéralement accaparé et a imposé une sorte de huis clos à leurs relations. Le jeune homme se laisse alors entraîner dans des rencontres à un rythme de plus en plus soutenu. Ils déjeunent ensemble tous les deux jours, elle lui téléphone constamment pour qu'il lui rende compte de ses faits et gestes. Il reconnaît aujourd'hui qu'il était « sous influence ». Lydie lui raconte des bribes de sa propre vie. Par exemple, son séjour chez les bonnes sœurs du Mans, qui lui a laissé de très pénibles souvenirs et une haine viscérale envers tout ce qui est religieux. Les nonnes de la Charité d'Évron n'avaient pas vraiment apprécié la très forte idée d'elle-même que lui avait inculquée son père. « Je suis la perfection ! » affirmait-elle. Victor se souvient qu'un jour, boulevard Raspail, elle a foncé en automobile sur le futur cardinal Lustiger – il devait n'être alors qu'é-vêque auxiliaire –, qui empruntait un passage clouté, comme si elle allait l'écraser, tout en vociférant des insanités à son encontre. Elle se définissait elle-même comme une *split personality*, une personnalité multiple, éclatée.

Leurs relations deviennent si étroites que non seulement Lydie fait de Victor le vice-président de la PATIC, son homme de confiance, mais, sans qu'il comprenne au juste pourquoi, le 13 décembre 1988, elle l'institue son exécuteur testamentaire...

Lydie fait aussi pénétrer Victor dans son univers étrange. Elle pratique toujours l'hypnose et a pour « sujets » permanents son compagnon Jack Kennedy et Louise, sur lesquels elle se livre à des expériences de « suggestion postopératoire », comme elle dit.

« Apparemment, elle était très experte. Kennedy et Louise étaient sous sa coupe. Louise rabattait vers Mlle Bastien des âmes égarées qui demandaient une séance de remise en forme spéciale. Il arrivait qu'avant l'arrivée de Kennedy, elle me prédise les gestes inhabi-tuels qu'elle lui avait suggérés et – surprise ! – il les

194

exécutait machinalement, comme de se gratter la tête trois fois ou de retourner le fond de ses poches... »

Victor Conté est plus embarrassé pour parler des expériences auxquelles elle a procédé sur lui-même :

> « A titre personnel, j'y ai eu droit, sans que je puisse dire jusqu'à quel degré elle a exercé son influence sur moi. Mais le seul fait que j'aie pu supporter les caprices et les diktats d'un être aussi éloigné de moi pendant autant d'années se passe de commentaires...
>
> Elle pratiquait le yoga et c'était impressionnant de voir quelqu'un d'aussi corpulent, lourd dans sa démarche, se mettre aussi facilement en position du lotus et n'en plus bouger de longtemps... Non seulement elle prétendait pouvoir hypnotiser les autres, mais elle affirmait aussi être capable de se mettre en situation d'"autosuggestion posthypnotique". Est-ce de là qu'elle dégageait cette formidable détermination qui était une de ses principales caractéristiques ? Elle semblait parfois robotique, sans états d'âme, sans morale quand cela l'arrangeait. »

A la fin des années 80, Lydie souhaitait monter un « club de réflexion » dont elle voulait confier la gestion à Victor Conté. Tous deux visitèrent même à cette fin un grand local au pied de la tour Montparnasse.

Victor Conté était littéralement « dévoré » par Lydie. Sa propre épouse s'en plaignait. Il était obligé de se cacher pour poursuivre ses activités personnelles. Pendant toute cette période, il continua à rencontrer son ami le compositeur Lionel Florence et à confectionner des maquettes de disques. En 1986, Lionel et Victor avaient décidé de faire un deuxième disque. Ils trouvent un interprète, Scott Jellet, un coproducteur en la personne de Pacifico Rabanne, frère de Paco, le tout produit par Conté Productions et distribué par Apache/Wea, le label de Michel Berger et France Gall. Mais ce second disque resta tout aussi confidentiel que le premier.

Sentant que « son » Victor lui échappait avec la musique, Lydie Bastien voulut s'immiscer dans son univers. Un jour qu'il avait décommandé un déjeuner avec elle pour aller chez Lionel Florence enregistrer une énième maquette, elle demanda à en écouter une. Le premier morceau qu'il lui fit entendre allait devenir plus tard un succès retentissant sous un autre titre, chanté par un autre interprète. Cette chanson parlait d'espoir et du temps qui passe :

> *C'est pas marqué dans les livres*
> *Le plus important est de vivre*
> *Et de vivre au jour le jour*
> *Le temps, c'est de l'amour...*

– Quel est le titre ? s'enquit Lydie Bastien.
– *Éli*, répondit Victor.
Elle fit la moue :
« Ne craignez-vous pas que ça fasse un peu... juif ? »
Victor lui fit écouter deux autres morceaux dont deux passages étaient directement inspirés de la vie de son interlocutrice. Le premier ressassait à l'envi : « Qui veut me voir ce soir ? / Je veux qu'on s'occupe de moi. / Je pourrais prendre du curare. / Rattraper du sommeil en retard... » Le « curare » faisait allusion à une bague appartenant à Lydie Bastien, dans laquelle celle-ci racontait avoir conservé de ce poison foudroyant en d'autres

temps. Le second dressait un inventaire du monde et évoquait notamment « le retour des Aryens ».

Après avoir écouté ces trois morceaux, Lydie Bastien décida de participer au financement de leur production. Le hasard – Victor n'y fut pour rien – a fait qu'*Éli* a été changé en *Lucie* (comme Lucie Aubrac, que Lydie Bastien haïssait !). C'est ainsi que « Mlle Bastien » participa un tant soit peu au succès phénoménal de *Lucie*, tube chanté plus tard par Pascal Obispo, et à asseoir par là indirectement la carrière de ce chanteur connu aujourd'hui de tous !

Victor était lié à la famille de Paco Rabanne. Le couturier, son frère Pacifico et sa sœur Olga avaient créé une marque de disques. Paco avait demandé à Victor de bien vouloir le seconder dans le domaine musical. Un jour, Pacifico présenta à Victor un fax reçu au siège de Paco Rabanne, émis par un inconnu se recommandant de Lydie Bastien et lui proposant un rendez-vous pour participer à un vaste réseau de trafic de devises entre New York, le Nigeria et Zurich ! Les termes du fax étaient suffisamment explicites pour entraîner une rupture complète et immédiate entre la famille Rabanne et Victor Conté si celui-ci n'avait entretenu avec Paco de vraies relations de confiance. Victor épilogue :

> « Je ne saurai jamais si elle avait commis cette bévue pour m'empêcher de me soustraire à son influence, ou par naïveté... Telle était Mlle Bastien : ambiguë, toujours floue, prête à détruire pour ne pas perdre. *Lion, ascendant sabotage* : Lydie Bastien affirmait qu'au plus fort de leurs disputes, René Hardy, à bout d'arguments, avait coutume de lui lancer cette formule-là... »

197

De fait, les relations entre Victor Conté et Lydie Bastien se dégradent progressivement à partir de la fin des années 80. Victor pense qu'elle ne supporte pas qu'il prenne de plus en plus d'autonomie, et qu'elle a probablement décidé de l'empêcher par tous les moyens de vivre sans elle. C'est aussi l'époque où elle connaît de sérieuses difficultés financières et un important contrôle fiscal. Elle vend le Boucanier, rachète un restaurant plus petit, toujours à Montparnasse, le Marescot, qui sera rebaptisé le Kallidas.

Tout en continuant à rencontrer Victor, elle porte plainte contre lui, en novembre 1990, l'accusant d'avoir empoché un chèque de quelque deux millions de francs. Victor se trouve ainsi convoqué par la police, le 13 décembre 1990, et placé en garde à vue. Il ne comprend pas : Lydie avait la procuration sur son compte et aurait donc pu, le cas échéant, retirer cet argent. Il a tôt fait de s'apercevoir qu'elle a commis un faux en écritures. A peine est-il sorti de sa garde à vue que Lydie dépose une seconde plainte contre lui pour lui réclamer deux millions de francs correspondant à divers frais engagés par elle...

La violente bataille juridique entre les deux partenaires ennemis ne va pas les empêcher – sans que l'avocat de Lydie Bastien en sache rien – de se téléphoner régulièrement et de jouer entre eux au chat et à la souris. Lydie Bastien redoute en effet que Victor se serve des confidences[1] qu'elle lui a faites sur sa vie durant l'Occupation pour la mettre à genoux. Elle se demande si Victor n'a pas emporté avec lui divers documents compromettants,

---

1. Voir chapitre XVIII.

notamment deux photos prises en Allemagne pendant la guerre. Victor ne les a pas emportées, mais s'en souvient fort bien :

> « Sur les deux, Lydie Bastien est très en beauté, avec une sorte de chignon et les cheveux relevés devant. Elle est en compagnie de deux Allemands en uniforme beige, devant une Bentley. La deuxième est prise en plan plus rapproché, et l'on ne voit pratiquement que les trois personnages. »

Lydie veille sur ses archives avec plus de soin encore que sur ses bijoux.

En juillet 1991, quand sort le disque interprété en duo par Victor et Aurélie Lahaye, Victor fait la une d'*Ici Paris* affichée dans les kiosques. Il s'en vante auprès de Lydie Bastien qui prend peur de cette attention des médias. Il la nargue en lui faisant savoir que, malgré sa plainte, il est capable de « monter des coups ». Elle redoute qu'il ne livre ses révélations à un journaliste ou rédige lui-même un livre, comme elle le lui a suggéré quelques mois plus tôt. Victor joue de cette menace, disant qu'à son procès il fera venir des résistants. Au printemps de 1992, l'avocat de Victor Conté annexe d'ailleurs à ses conclusions deux pages – 484 et 485 – du livre *La nuit finira*, d'Henri Frenay, dans lesquelles l'ancien patron de Combat fait part de ses soupçons envers Lydie Bastien et où il émet notamment l'hypothèse qu'elle aurait pu être un agent de la Gestapo à l'insu même de René Hardy. L'avocat souligne que l'ouvrage « n'a pas été critiqué ou attaqué à ce jour par Mlle-Bastien » :

« L'ambiguïté ou la perversité, comme l'on voudra, du personnage atteignait son comble dès cette époque pour ceux qui ont eu à "croiser" Mlle Bastien. Ces pages "sans appel" sont signées de M. Frenay [...]. Aujourd'hui, le talent de faussaire et de manipulatrice a suivi son auteur : il a pris de l'âge et de la maladresse... »

Avant même l'ouverture du procès, Victor bénéficie d'un non-lieu partiel, car la Justice a réuni les preuves que les papiers de Lydie Bastien étaient des faux. Lors de la première audience du tribunal de grande instance, la plaignante s'est fait porter malade, ce qui déplaît fort au président :

– La prochaine fois, il faudra qu'elle vienne, même sur une civière...

Sans égards pour les usages, Victor Conté brandit de nouvelles pièces qui décontenancent Me Jean Lafon, le conseil de Lydie.

Le lendemain de cette audience, celle-ci téléphone à Victor et lui fait part de la fureur de son avocat à cause des pièces nouvelles qu'il a sorties en cours d'audience. Elle essaie de savoir s'il va porter plainte contre elle, comme son avocat le lui a écrit.

– Je ne porterai pas plainte, répond-il, mais votre punition sera la peur. Je ferai venir des témoins de la Résistance lors de la prochaine audience...

– Je n'irai pas au procès. Je préfère me supprimer ! » réplique Lydie Bastien.

Victor et Lydie continuent ainsi à se téléphoner et à s'entre-menacer. Victor l'imagine de plus en plus traquée, terrorisée à l'idée que la vérité éclate. Il y a déjà longtemps qu'elle porte perruque et lunettes noires et se cache même à elle-même, puisqu'elle a supprimé chez elle tous les miroirs et fait tout pour les éviter lorsqu'elle se trouve hors de son domicile. En l'entendant brandir la menace de mettre fin à ses jours, Victor se rappelle la bague empoisonnée avec laquelle elle était à même de se supprimer à tout moment...

Un homme nouveau a débarqué dans son entourage : Daniel Dreyfus, qui a connu Kennedy et Lydie Bastien au Canada il y a bien longtemps[1]. Il exerce un ascendant certain sur Jack Kennedy. Lydie, elle, ne se porte plus très bien, sans doute à cause du procès et de ses affaires qui périclitent. Son avocat, Mᵉ Lafon, reste alors un des seuls à l'aimer bien. Il l'estime très intelligente et apprécie par ailleurs son excellente connaissance de l'Inde.

La deuxième audience est prévue pour le 26 mai 1994. Mais Lydie meurt à l'hôpital Cochin le 25 février, à l'âge de soixante et onze ans. La levée du corps a lieu à la morgue de l'hôpital, le vendredi 4 mars à 8 h 30 du matin. Sont présents un cousin de Lydie, seul représentant de la famille, et dix autres personnes : huit hommes et deux femmes : Christine, une vieille et fidèle amie de Lydie, et Esther Dreyfus, habillée d'une robe blanche, un bandeau autour des cheveux, une plume fichée dedans. Jack Kennedy s'approche du cousin et lui remet un dossier contenant les photos de famille qu'avait conservées Lydie. Il pleure. Il raconte que la défunte parlait souvent de son oncle Daniel. Il tend une petite note en anglais sur laquelle est écrit un bref poème intitulé *Il n'y a pas de mort* : « Il n'y a pas de mort pour l'enfant de

---

1. Voir chapitre XVI.

moi. Il y a seulement l'amour de toi... » Le nom de Devi, celui que portait Lydie Bastien à New York, est calligraphié en gros sur la note. Figure aussi la photocopie d'une carte de visite de Lydie Bastien, présidente du Centre culturel indien et de l'International Council for Research on the Nature of Man, de Bombay. Figure aussi le nom indien de Kennedy, Premananda Deva. Non loin, il y a là aussi Charles Boragi.

Les onze derniers accompagnateurs de Lydie Bastien pénètrent dans la salle où est exposée sa dépouille. Seule le visage est visible... et méconnaissable. Le fameux commissaire Jobic[1], qui connaissait bien Lydie Bastien, est présent, accompagné d'un inspecteur. Les deux policiers semblent vérifier que le corps qui est là est bien celui de l'ancienne maîtresse de René Hardy. Jack Kennedy dépose un petit livre à côté de la tête de Lydie. Les onze se rendent ensuite au cimetière de Thiais où le cercueil est déposé dans une fosse en pleine terre. Des œillets sont distribués et jetés sur le cercueil. Il n'y a évidemment ni croix ni crucifix. La plupart des assistants s'expriment entre eux en anglais. Un homme est probablement hindou. Un autre déclare qu'il est très reconnaissant à Lydie de lui avoir autrefois payé son billet d'avion pour se rendre d'Inde aux États-Unis.

Lydie Bastien a été dépouillée de sa fortune en bijoux. Un cuisinier du restaurant le Kallidas qui aimait beaucoup Lydie et avait accès à son appartement y a aperçu

---

1. Le commissaire Yves Jobic avait été accusé d'avoir extorqué de l'argent à trois prostituées et inculpé par un juge de Nanterre de « proxénétisme aggravé ». Le policier, aujourd'hui patron de la « Brigade antigang », fut déclaré non coupable.

encore, l'avant-veille de sa mort, certains joyaux qu'elle portait habituellement. Le jour du décès, il a vu Dreyfus, Kennedy et un autre homme déménager plusieurs caisses de l'appartement. Ce déménagement a aussi été remarqué par un voisin habitant en face.

Dreyfus a été inculpé pour faux et usage de faux en écritures de commerce. Il avait « monté » une fausse assemblée générale de la société Le Marescot, censée prendre acte que Lydie Bastien lui avait tout légué. Il a été condamné à un an de prison avec sursis. Il avait déjà fait quelques mois de détention préventive.

Même la mort de Lydie Bastien est entourée de mystère. Charles Boragi, le jeune Américain qui considérait Lydie Bastien comme sa mère, a porté plainte contre X pour empoisonnement. Il soupçonnait Daniel Dreyfus, gérant du Kallidas, ce dernier ayant été hospitalisé à Cochin en même temps que Lydie. Le procureur a conclu à un refus d'informer, au grand dépit du juge d'instruction.

Victor Conté, qui a appris la mort de Lydie Bastien la veille de la deuxième audience de son procès, le 26 mai 1994, détenait lui aussi un exemplaire d'un testament, mais il n'a essayé de le faire valoir que pour récupérer les affaires personnelles qu'elle lui avait séquestrées.

D'après Daniel Dreyfus, le dernier à s'être occupé de ses biens entreposés au Kallidas et dans deux boxes situés aussi impasse de la Gaîté, Lydie Bastien n'aurait rien laissé, pas même de quoi payer ses funérailles, ainsi qu'il l'a écrit dans une lettre adressée au cousin de celle-ci, Jacques Bastien.

Que sont donc devenus les bijoux et les malles de documents qu'elle conservait précieusement ?

Daniel Dreyfus reconnaît bien volontiers qu'il a conservé quelques documents et photos de Lydie Bastien. Je lui demande s'il a remarqué une « photo avec des Allemands ». Il se souvient fort bien de la « photo prise à Baden-Baden pendant la guerre, à une date qui était indiquée derrière la photo mais dont je ne me souviens plus. On y voyait Lydie Bastien en compagnie de deux Allemands[1] en uniforme militaire devant une Rolls Royce. Cette photo était dans un paquet où il y avait des papiers vierges à en-tête du président Georges Pompidou ! » Une description qui est très voisine de celle faite par Victor Conté. Daniel Dreyfus précise que la photo a été prise à Baden-Baden alors que Victor Conté, lui, ne parle que de l'Allemagne. La voiture devant laquelle se tiennent les deux Allemands et Lydie Bastien était une Rolls-Royce pour Daniel Dreyfus, une Bentley pour Victor Conté. Après avoir cherché dans les archives de Lydie Bastien, Daniel Dreyfus dit ne pas posséder la photo, mais ne désespère pas de la retrouver auprès de gens qui détiennent eux aussi une partie des papiers de Lydie Bastien...

Peu de temps après la mort de celle-ci, Kennedy a voulu aller récupérer l'argent qui était déposé sur les deux comptes de Lydie Bastien à la Banque internationale du Luxembourg (BIL), raconte Daniel Dreyfus[2]. Il a demandé à Daniel Dreyfus, son nouveau tuteur, de l'accompagner. Les deux hommes se sont donc retrouvés devant le siège de la BIL. Dreyfus est inquiet. Il a le

---

1. J'ai présenté la photo de Harry Stengritt à Daniel Dreyfus. Il m'a dit immédiatement : « J'ai une très bonne mémoire visuelle. L'un des deux Allemands est l'homme qui figure sur cette photo. »
2. Entretien avec l'auteur, le 26 avril 1999.

sentiment qu'ils sont en train de « faire une connerie », qu'ils vont se faire piéger s'ils se présentent pour récupérer l'argent de Lydie Bastien, même s'il n'ignore pas que cette dernière a beaucoup puisé dans les économies de Kennedy ! Mais Jack ne veut rien entendre. Les deux hommes gravissent les marches de la banque quand les grilles se referment.

– Tu vois, c'est un signe ! lui dit Dreyfus.

Kennedy, résigné, renonce à récupérer l'argent déposé à la BIL, mais demande à Dreyfus de l'aider à ouvrir un compte dans une autre banque luxembourgeoise où on ne posera pas trop de questions. Dreyfus le conduit dans un établissement où il a ses entrées. Là, devant le caissier complètement éberlué et blême, Kennedy sort de ses poches et de son sac de nombreuses liasses de billets en différentes devises. Le banquier, préoccupé, demande la provenance de ces fonds. Dreyfus vole au secours de Jack et raconte une histoire plausible. Le banquier l'accepte et ouvre à Kennedy un compte sur lequel est déposée une somme d'environ un demi-million de dollars[1]. Soulagé et heureux, Kennedy déclare à Dreyfus vouloir écouler à présent de vieux dollars-or américains. Dreyfus essaie de le convaincre de garder ces vieilles pièces dont il ne tirera pas grand-chose, mais l'Américain insiste. Ils remarquent l'enseigne d'un bijoutier, entrent mais la femme objecte que seul son mari est compétent pour traiter ce genre d'affaire. Ils reviennent après le déjeuner. Là, à la surprise du bijoutier et de Daniel Dreyfus, Kennedy verse le contenu de son sac sur une table : un amas de bijoux, de bagues, de colliers, de pendentifs...

---

1. Toute cette histoire est basée sur les confidences de Daniel Dreyfus.

– Combien me donnez-vous pour tout cela ?

– Je ne peux vous le dire, il faut d'abord que je fasse un tri, car il y a là-dedans des bijoux de pacotille. Il faudra ensuite que j'examine un bijou après l'autre. Je vais vous faire un reçu.

– Inutile, répond Kennedy, j'ai confiance en vous.

– Où puis-je vous téléphoner ?

Dreyfus, toujours méfiant, intervient dans la conversation :

– Donnez-nous votre numéro de téléphone, et nous vous appellerons...

Trois semaines plus tard, les deux hommes reviennent au Luxembourg. Le tri a été fait. Le bijoutier restitue à Kennedy un gros paquet de faux bijoux, mais il reste encore l'équivalent d'une boîte à chaussures de beaux et authentiques joyaux.

– Combien vous pouvez m'en donner ?

– Je ne peux pas vous le dire, mais je vous suggère de nous les laisser en dépôt-vente...

Les deux hommes repartent pour Paris. De multiples ennuis les y attendent peu de temps après.

De plus en plus irascible, Kennedy frappe à coups de batte de base-ball une inspectrice des services sanitaires lors de son passage au Kallidas. Il part se réfugier en Inde dans un ashram, puis retourne aux États-Unis, mais il ne peut plus revenir en France où il serait interpellé dès son débarquement sur le territoire...

Après son séjour en prison, Daniel Dreyfus se fait discret et essaie d'oublier Lydie Bastien qu'il traite « d'escroc international ».

Charles Boragi vit chichement en organisant des banquets dans une ville de la banlieue parisienne.

Sur la tombe de Lydie Bastien, il n'y a même pas de nom, à plus forte raison pas de fleurs.

Victor Conté a gagné son procès, le 7 juillet 1994 : la Justice l'a relaxé pour absence d'infraction. Mais, malgré les menaces qu'il avait proférées au téléphone, il n'a rien dit de ce qu'il savait avant la mort de Lydie Bastien.

XVIII

Le testament de Lydie Bastien

Avant même d'être accaparée et épuisée par ses derniers soucis, Lydie Bastien avait décidé de faire partager son terrible secret après sa mort. Au terme d'une vie menée au-delà du Bien et du Mal, sans doute souhaitait-elle faire un dernier pied de nez à cette société qu'elle méprisait. Pour acheminer cette vérité *post mortem*, elle avait jeté son dévolu sur Victor Conté, parce qu'elle considérait qu'il était sa chose ou, en tout cas, qu'il ne la trahirait pas. Le 13 décembre 1988, elle en avait donc fait son exécuteur testamentaire. Une confiance bien placée puisque, malgré leur grave différend, Victor gardera d'abord le silence et attendra cinq ans après la mort de Lydie Bastien pour dévoiler ce qu'elle lui avait confié.

Lydie Bastien ne lui révèle pas son passé d'un seul coup. Elle procède par petites touches et prend ainsi le temps de tester son interlocuteur. La méconnaissance et le désintérêt de Victor pour tout ce qui touche à la dernière guerre sont pour elle la meilleure des garanties.

Lydie invitait de temps à autre de vieux messieurs avec qui elle parlait à mots couverts, demandant des nouvelles d'Untel, se plaignant de l'ingratitude ou du silence de tel autre. Elle avait auparavant prié Victor de ne pas s'offusquer si, en ces circonstances, on l'appelait « Béatrice ». Parfois, elle s'annonçait comme « Mme-Didot », et il advint à Victor de réserver une table au restaurant à ce nom-là. Un autre jour, Lydie Bastien s'excusa de ne pas déjeuner avec Victor : elle avait une urgence qui l'obligeait à aller rendre visite à « Bénouville » ; Victor ne réagissant pas, Lydie lui demanda s'il savait qui était ce monsieur. Il tombait manifestement des nues. Elle lâcha alors :

« Il est très influent. Et pourtant... »

Mais tout cela passait au-dessus de la tête de Victor. Une fois pour toutes, sans se poser de questions, il avait accepté le fait qu'il était proche d'« une grande résistante qui se faisait appeler "Béatrice" ».

Laissons ici la parole à Victor Conté :

« Un jour, ma femme Martine me dit avoir vu Mᵉ Georges Kiejman à la télévision qui parlait de Caluire et qui avait cité le nom de Lydie Bastien – une homonyme, probablement. Pour meubler le déjeuner suivant, je rapportai l'anecdote à Lydie Bastien. Elle parut contrariée, puis, voyant que je ne réagissais pas, elle se risqua à la première d'une série de confidences :

– C'est bien de moi qu'il s'agit, me répondit-elle.

Puis, environ une semaine plus tard, elle me dit qu'elle souhaitait me raconter un peu sa vie, compte tenu de notre confiance mutuelle. Elle me demanda évidemment de lui donner ma parole que je garderais le silence. "Je sais que vous tiendrez parole", me dit-elle, sûre d'elle-même. Au fur et à mesure de ses confidences, elle en est venue à me déclarer que je pourrais faire état de ses confidences après sa mort, à condition de trouver une bonne oreille. A un moment donné, elle m'a même encouragé à écrire un roman à clés... »

Lydie et Victor se sont brouillés ; pourtant, Victor parle d'elle avec un reste de fascination. Il a gardé ses confidences pendant de longues années. Il vit à Montpellier. Le 12 février 1999, je me trouve dans cette ville pour participer à un débat autour de mon livre, *Vies et morts de Jean Moulin*. Sitôt l'entretien terminé, une organisatrice de la FNAC me reconduit à l'aéroport et me remet une enveloppe de la part d'un « monsieur qui était dans l'assistance et qui n'a pas osé vous aborder ». Je l'ouvre. La première page attire d'emblée mon attention : c'est la photocopie d'une carte d'identité de Lydie Bastien datée de 1988, surmontée d'un petit mot : « L'histoire serait bien incomplète sans la version de Lydie Bastien, la maîtresse de Didot... » Suivent le nom et les coordonnées de Victor Conté.

Tout excité, j'ai pris rapidement contact et commencé à discuter avec lui, puis je l'ai vu à Paris. Il m'a tout de suite précisé qu'il n'avait pas vérifié la véracité des confidences de Lydie Bastien, qu'il n'était pas sûr de la chronologie des faits, que je devais donc faire attention... J'ai bien aimé cette façon honnête et franche de présenter ce qu'il avait retenu de la « vérité » de Lydie Bastien. Victor Conté m'expliqua qu'il avait décidé de me confier ce qu'il savait d'elle parce que ce que j'avais écrit lui semblait le plus proche de la « vérité » pour ce qui la concernait. Il me fit ainsi profiter des confidences *post mortem* de l'ancienne « fiancée » de René Hardy :

« Tout ce que racontent les livres est très éloigné de la réalité, me disait Lydie Bastien. J'ai fait des bêtises, j'avais vingt et un ans. Vous le direz un jour, quand je serai morte, à de "bonnes oreilles"...

Mon premier amant était un Allemand. Je l'ai connu peu de temps après le pensionnat. Il m'a présenté Stengritt, qui était beau et séduisant. Il est devenu mon amant. J'ai travaillé pour les Allemands qui m'ont indiqué les habitudes de René Hardy, que j'ai rencontré et séduit à leur demande. »

Victor Conté précise que Lydie Bastien parlait de Stengritt avec encore des trémolos dans la voix : « Stengritt était très séduisant, alors que Hardy était trop docile... » Elle-même, à tout juste vingt ans, éprouvait un grisant sentiment de puissance : « Quand on est sur le pont, on ne descend pas à la cale... », disait-elle en songeant à cette époque.

« Hardy est tombé fou amoureux de moi. Il m'a confié très rapidement tous ses secrets. Je m'occupais notamment de ses boîtes aux lettres. C'est ainsi que j'ai intercepté le rendez-vous de Hardy avec le général Delestraint, à Paris, et que j'ai immédiatement prévenu Stengritt. »

Victor Conté raconte qu'à chaque fois qu'ils passaient tous deux aux abords du métro La Muette, elle rappelait que c'était elle la responsable de l'arrestation du patron de l'Armée secrète.

« J'ai réservé la couchette de René Hardy, le 7 juin 1943. Ce couillon croyait que j'allais partir avec lui. Je l'ai conduit en taxi à la gare pour être sûre qu'il partait vraiment. J'ai prévenu Stengritt. Barbie a fait arrêter Hardy et l'a embarqué au siège de la Gestapo, à Lyon. Barbie m'a fait venir et je me suis retrouvée en face de René Hardy... Je lui ai dit qu'il n'avait pas le choix : il devait collaborer avec Barbie, sinon mes parents et moi allions être arrêtés.

J'ai prévenu Bénouville de l'arrestation de son ami :

– On a arrêté René. S'il ne collabore pas, les Allemands vont m'arrêter, ainsi que mes parents.

– Qu'il collabore, on verra après...

Bénouville m'a donné le feu vert, que j'ai transmis à Hardy. C'est lui qui a demandé de ne jamais parler de l'arrestation de René Hardy. Frenay n'était au courant de rien et s'est retrouvé devant le fait accompli... J'ai donc été voir Hardy et lui ai dit que j'avais vu Bénouville.

– Tu peux y aller[1]...

Il y a eu un marché entre Hardy et Barbie selon lequel aucune arrestation importante ne devait suivre de trop près sa propre arrestation. Barbie a demandé des garanties. René devait d'abord trouver un alibi en allant dans une exploitation agricole et ensuite pointer tous les jours en passant devant chez mes parents.

Ensuite, on a organisé un voyage dans le Gard pour effacer le passage de René à la Gestapo...

Lors du rendez-vous sur le pont Morand[2], moi aussi j'étais là. Je portais un énorme chapeau pour que Barbie me voie de loin.

---

1. Rappelons que Victor rapporte ces propos de Lydie Bastien, soulignant qu'il n'a pu, pour sa part, vérifier leur véracité, pas plus que nous-même. Il assure en revanche qu'elle les a bien tenus. Quant à Bénouville, tous ses écrits et témoignages s'inscrivent bien sûr en faux contre une telle imputation.
2. Le 20 juin, veille de la réunion de Caluire.

Le jour de l'arrestation de Caluire, Hardy a bien été au siège de la Gestapo. C'est bien lui qui a donné Jean Moulin... **Il y avait un deuxième personnage "retourné" à la réunion de Caluire[1], ce que René savait parfaitement.** Barbie voulait ainsi doubler ses chances, car il n'avait pas entièrement confiance en Hardy.

Hardy et moi avons été grassement payés pour avoir donné Moulin. Lui en argent, moi en bijoux et diamants [...].

J'avais accès directement à Laval qui m'avait donné tous les passe-droits. »

Au fil des conversations, Lydie Bastien affine ses confidences. Hardy devient ainsi une « chique molle », « à sa merci » :

« J'étais parfois très dure avec lui. Il a été faible à cause de moi. Il a été victime de sa rigueur morale. On a craché sur lui, mais il ne m'a jamais dénoncée, ce qui lui aurait été facile. »

Elle parle beaucoup des temps qui ont suivi ce qu'elle appelle sa « grande époque ». De la peur qu'elle a partagée avec Bénouville lors du premier procès, quand René Hardy voulait parler : « Nous l'en avons dissuadé. » Elle raconte qu'elle a toujours craint Henri Frenay, qui

---

1. Depuis 1943, un fort soupçon pèse effectivement sur un second personnage, Henri Aubry, qui, dans la meilleure des hypothèses, s'est mis très rapidement à table après son arrestation à Caluire. Ses « confidences » ont fait l'objet d'un rapport de cinquante deux pages qui a permis de nouvelles arrestations. Après avoir beaucoup parlé, Aubry a été libéré... Il semblerait qu'il ait eu, dès le 9 juin 1943, un contact avec un agent de l'Abwehr à Lyon.

l'avait démasquée mais qu'elle prétendait « tenir » au travers de Bénouville :

> « Frenay a été entraîné dans une spirale infernale. Il soutenait de bonne foi Hardy en s'appuyant sur les affirmations de Bénouville. Frenay entra dans une colère noire quand il apprit la vérité, mais son opposition à Jean Moulin rendait suspecte toute initiative. »

Lydie Bastien évoque toutes les démarches qu'elle a faites après la guerre pour protéger Hardy et... elle-même. Elle parle du faux témoignage acheté à « Bossé », l'agent de liaison de René Hardy qui a ensuite tenté de la faire chanter... Elle raconte avoir menacé une certaine « Edmée » pour des motifs qui ont un rapport avec l'affaire Jean Moulin. Elle dit avoir été entretenue après la guerre par « quelqu'un de la Magistrature », un homme « très riche » qui détenait des dossiers sur certaines personnes qu'elle n'hésita pas à faire chanter pour ne pas être inquiétée. Lydie Bastien a en effet toujours conservé des archives et surtout des dossiers individuels datant de sa « période de gloire » : « Du côté des gaullistes, j'étais tranquille, ils m'ont toujours protégée », affirmait-elle. A propos des « cocos », elle disait : « Je leur crache dessus, mais ils me servent bien quand même. » Mythomanie ?

Elle a montré à Victor Conté des lettres qu'elle présentait comme émanant de René Hardy. Elle a attiré son attention sur un passage de l'une d'elles : « Tu ne peux pas me reprocher de ne pas avoir fait ce que toi et tes amis voulaient à propos de M... » A la fin de la vie de René Hardy, elle a eu pitié de le voir, à la télé, déchu, vieilli. Victor Conté affirme qu'elle lui a alors fait parvenir de l'argent.

Jusqu'à la mort de Frenay, Lydie Bastien a eu peur de l'ancien patron de Combat. D'après Victor, elle redoutait aussi les Aubrac :

> « Elle parlait de Moulin-le-communiste. Pour elle, Caluire, c'était un communiste de moins sur la planète. Elle disait parfois : "S'il y avait une justice, l'Histoire me remercierait." Lydie Bastien était viscéralement anticommuniste et antijuive[1]. Les Juifs et les communistes la faisaient entrer dans des colères noires. Elle était capable de quitter un restaurant si elle avait repéré quelqu'un qu'elle croyait être juif... »

Victor Conté a eu le « privilège » de visiter son capharnaüm, au-dessus du Kallidas, impasse de la Gaîté. Il y avait là de nombreux livres et traités sur l'hypnose, le bouddhisme, l'ésotérisme, qui voisinaient avec des livres sur Hitler ou sur Aurobindo (le philosophe indien qui conçoit le yoga comme la discipline permettant de reconnaître en soi la vérité de Dieu), mais aussi avec nombre de dossiers, documents, liasses de photos. Victor a remarqué tous les clichés rangés dans une urne de verre. Lydie Bastien était fière de lui montrer deux photos d'elle prises en Allemagne en compagnie de deux officiers allemands. Elle racontait que ces clichés lui servaient de saufs-conduits ou de « mots de passe » auprès des occupants pendant la guerre...

---

1. On a pourtant vu que, depuis la guerre, elle a fréquenté des Juifs, ainsi que des gens proches de Moscou, et qu'elle a même vécu quelques années avec... un Juif proche de Moscou !

Lydie possédait également un véritable trésor dans une boîte en bois laqué : elle disait avec volupté qu'elle pourrait « vivre deux autres vies sans travailler rien qu'en le revendant ». Elle gardait d'autres bijoux dans un coffre à la Banque du Luxembourg. Elle arborait des pendentifs en forme de poire que l'on voit déjà sur un portrait d'elle réalisé par René Hardy pendant sa première incarcération et qui a été publié dans *France-Soir*[1]. Sur presque toutes les photos de Lydie Bastien prises en mars-avril 1947 et au moment du deuxième procès, en avril-mai 1950, on peut repérer quelques-uns de ses plus beaux bijoux. Elle aimait les arborer et en était fière. Elle montrait aussi la fameuse bague en or incrustée de rubis, saphirs et diamants, dont elle ouvrait le chaton en commentant :

« Voyez-vous, Victor, pendant la Résistance, j'y mettais du curare pour le cas où... J'y ai aussi placé des microfilms pour René... »

A son avocat, à sa famille, qui ne connaissaient pas l'ampleur de son « trésor » mais qui pouvaient néanmoins constater qu'elle portait de très beaux bijoux, elle déclarait qu'il s'agissait des cadeaux d'un maharadjah amoureux fou d'elle au milieu des années 50, ou de « Sam », l'homme d'affaires qui s'était jeté sous une rame de métro en novembre 1955, ou encore des bijoux offerts par sa demi-sœur avant sa mort... Une partie de ces joyaux venaient en réalité de Stengritt qui les tenait de Klaus Barbie, ainsi qu'elle-même l'a souvent confié à Victor. Elle avait un faible pour une croix de Malte, cadeau du beau Harry. Elle ne montrait aucune pudeur à

---

1. Voir cahier d'illustrations hors texte.

parler de ces bijoux qu'elle avait obtenus en échange de « services rendus contre les communistes et les Juifs ».

Elle remit un jour à Victor Conté les photocopies de trois estimations de ses bijoux[1], faites en juin et juillet 1972 par Van Cleef & Arpels, tout en précisant qu'il ne s'agissait là que du cinquième de son « trésor de guerre ». En valeur d'aujourd'hui, ces bijoux estimés par le très célèbre joaillier représenteraient *grosso modo* quelque sept millions de francs. Quand une urgence imprévue survenait, Lydie Bastien allait chez « Ma tante » gager une bague, un diamant, et, pour arroser l'événement, elle commençait par commander une bouteille de champagne à la Rotonde ou à la Coupole. Le 22 octobre 1985, Joël Murguet, qui se prétendait bijoutier, lui acheta ainsi un brillant de taille émeraude, pesant 15,96 carats, pour la somme de 300 000 francs réglée par chèque du Crédit lyonnais... Un jour de 1989, un gouverneur de la Banque centrale du Nigeria avec qui elle était en affaires lui réclama 120 000 francs en liquide ; elle compléta ce qu'elle avait sous la main en allant gager au Crédit municipal un saphir, après avoir renoncé à y porter un collier serti dont la valeur dépassait par trop le montant dont elle avait besoin. Lydie Bastien en retira 75 000 francs, puis envoya Victor Conté à Londres remettre les 120 000 francs au fonctionnaire cupide installé au Rathbone Hotel...

Lydie Bastien continuait ainsi à mener grand train avec les bijoux de la trahison.

---

1. Voir deux de ces photocopies dans le cahier d'illustrations hors texte.

XIX

« Béatrice » était bien un agent des Allemands

Henri Frenay qui, jusqu'à la fin de sa vie[1], soupçonna Lydie Bastien d'avoir été un agent allemand, avait donc raison. Pour étayer cette grave suspicion pendant plus de quarante ans, il avait probablement disposé d'une information. Lui manquait une preuve absolue pour pouvoir ôter ses conditionnels. Elle nous est arrivée grâce à un

---

1. Quelques mois encore avant sa mort, il faisait part de ses soupçons. Dans les années 80, son ami Claude Bourdet évoquait lui aussi ce grave soupçon dans une « Note sur les affaires Barbie et Hardy » déposée à l'IHTP :

> « L'attitude de Barbie devient beaucoup plus explicable : s'il était sûr de Lydie Bastien, si celle-ci était une "agente allemande régulière", il pouvait se permettre de ne pas se presser et de laisser à Hardy une "laisse" extrêmement longue, certain de pouvoir le rattraper à tout moment [...].
> La rencontre de René Hardy et de Lydie Bastien, quelques mois plus tôt dans un café de Lyon, n'était pas fortuite, mais [...] l'on avait demandé à Lydie de gagner la confiance d'un personnage déjà vaguement connu des Allemands. [...] L'affaire du train était un accident que la Gestapo n'avait pas recherché, [...] Lydie a pu au début ne pas tout révéler des activités de son ami. En tout cas, tout ceci demande des recherches. »

message envoyé par Lydie Bastien elle-même par-delà la mort. Une mort qui fut probablement précipitée par la peur d'une révélation de sa trahison au cours du procès qu'elle avait intenté à Victor Conté, son exécuteur testamentaire pendant quelques années.

Lydie Bastien avait, on l'a vu, fait une première confession au début d'avril 1947. Elle y racontait sa vie de manière romancée en chargeant son ex-fiancé et en se « blanchissant » complètement. Ses dernières révélations permettent en revanche de rétablir son rôle, déterminant, dans la « chute » de René Hardy et donc dans la mort de Jean Moulin, même s'il subsiste encore des zones d'ombre dans l'enchaînement des faits qui conduisirent à ce drame.

Lydie Bastien rencontre donc René Hardy – par hasard ou non[1] ? – le 23 janvier 1943 à la brasserie des Archers, soit huit jours après l'arrivée de ce dernier à Lyon pour diriger un important réseau, le NAP-Fer de zone sud. Hardy est chargé de préparer un plan complet de sabotage. Il s'est retrouvé au cœur de la Résistance le jour même de son arrivée, le 16 janvier. Ce jour-là, en effet, il a rencontré chez André Lassagne, au 302, cours Lafayette, Henri Frenay, le patron de Combat, le général Delestraint, chef de la nouvelle Armée secrète, dont la nomination pose tant de problèmes à Frenay et à ses amis, ainsi que quelques autres dirigeants de la lutte

---

1. Si Victor Conté affirme que Lydie Bastien rencontra René Hardy sur ordre exprès des Allemands, je ne retiens pas pour le moment cette hypothèse, faute d'avoir trouvé des éléments qui la confirment. Jusqu'à ce témoignage *post-mortem*, seul Claude Bourdet tenait pour acquis que cette rencontre « n'était pas fortuite ».

contre l'occupant. René Hardy va être vite nommé au 3ᵉ Bureau de l'état-major de l'AS, et, pour lui donner de l'autorité, le général Delestraint va le nommer lieutenant-colonel. Hardy est mis au courant de toutes les dissensions existant entre Jean Moulin et le général Delestraint, d'un côté, et la Résistance intérieure, de l'autre ; et de toutes les frictions entre les trois grands mouvements : Combat, Libération et Francs-Tireurs[1].

Frenay et son entourage – notamment Pierre de Bénouville qui, en l'espace de quelques semaines, a pris un grand ascendant sur le chef de Combat – ne supportent pas la tutelle de Jean Moulin, représentant du général de Gaulle chargé de coordonner l'action des mouvements de résistance en zone sud. Sa façon de vouloir unifier la Résistance en réintroduisant les partis politiques et les syndicats d'avant-guerre leur est insupportable. Frenay ne supporte pas davantage la nomination du général Delestraint à la tête de l'Armée secrète et les instructions de Moulin visant à bien séparer forces paramilitaires et mouvements. Le chef de Combat estime qu'il dispose d'une légitimité antérieure à celle de Jean Moulin, d'autant plus que ce dernier n'a obtenu son poste qu'en s'appuyant sur les indications qu'il lui avait lui-même fournies avant son départ pour Londres. En désaccord politique total, il n'admet pas de recevoir des ordres de lui. Pour échapper à l'emprise de Moulin, dispensateur des armes, de l'argent et des moyens de communication avec Londres, Frenay prend alors contact avec l'OSS (les

---

1. Sur l'histoire de ces dissensions, voir *Vies et morts de Jean Moulin, op. cit.*

services spéciaux américains) de Berne, dirigée par Allen Dulles.

Frenay entend de cette manière circonvenir Moulin, voire prendre son indépendance. Au printemps 1943, cette affaire détériore de manière dramatique les relations entre le chef de Combat, Bénouville, devenu son principal collaborateur, d'une part, et Jean Moulin, de l'autre. A partir de la mi-mai, le conflit est devenu si aigu que les deux premiers s'emploient à obtenir de Londres le renvoi du troisième et celui du général Delestraint. Frenay part d'ailleurs pour la capitale britannique, le 17 juin, afin de demander leurs têtes au Général...

Hardy est partie prenante à ces conflits qu'il résume de manière encore plus brutale que ses compagnons : « J'étais [...] au courant que ces dissentiments existaient au sein de nos organisations, en raison des tendances politiques de leurs dirigeants. C'est ainsi que Combat, Libération et Francs-Tireurs ne vivaient pas toujours en très bonne intelligence, et que des tiraillements se produisaient fréquemment dans les rapports que nous entretenions. » Au cours de son interrogatoire par la Sécurité militaire à son arrivée à Alger, début juin 1944, il explique :

> « A ce sujet, je vous signale un incident qui s'est produit à la suite d'une réunion tenue à Lyon et à laquelle assistaient Frenay, Claudius[1], d'Astier de la Vigerie[2] et quelques autres. Au cours de cette réunion, le délégué de

---

1. Il s'agit d'Eugène Claudius-Petit, dirigeant de Francs-Tireurs avant d'être l'un des fondateurs de l'UDSR, et deux fois ministre sous la IVe République.
2. Patron du mouvement Libération.

Francs-Tireurs m'a promis de me passer les contacts avec son organisation sur les chemins de fer. En réalité, il n'est arrivé qu'un homme qui n'avait aucune troupe derrière lui et que j'ai vertement remis à sa place, car il arrivait avec la prétention de commander tout, alors qu'il ne représentait rien... »

L'homme que René Hardy a remis « vertement » à sa place n'était autre que Jean Moulin !

Jacques Baumel, l'ex-secrétaire des MUR (Mouvements unis de la Résistance), confirme cette haine que vouait Hardy à Jean Moulin et au général Delestraint[1].

Lydie a donc fondu sur Hardy, cet homme plein de charme et hâbleur. « Il aimait l'argent et les femmes, lesquelles le lui rendaient bien », a écrit Jacques Baumel[2]. Dans ses confessions à *France-Soir*, Lydie a prétendu qu'elle s'était éprise de lui immédiatement, et qu'il était son premier amour. Rien de moins sûr. D'après son portrait et ses confidences à Victor Conté, on peut être quasiment certain que la grande séductrice n'en était pas à son coup d'essai... Elle raconte :

« Soucieux de ma sécurité, et voulant m'épargner sans doute la vie dure qu'il s'imposait, il refusa, les premiers temps, de m'accorder l'occasion de me dépenser pour la cause à laquelle il avait volontairement et dès les premières heures consacré tout son être. Puis, peu à peu, il céda à mes instances et je réussis à "taper" secrètement,

---

1. Article de Jacques Baumel dans *Le Monde*, 26 décembre 1998.
2. In *Résister*, Albin Michel, 1999.

au bureau de mon père, des rapports sur l'activité de son service... »

Dit plus brutalement : une semaine après avoir fait la connaissance de René Hardy, elle réussit à devenir la plus intime collaboratrice d'un homme qui, par sa situation, se trouve au cœur de l'Armée secrète et des mouvements de résistance de la zone sud.

Il faut imaginer ici ce que représente l'irruption de Lydie Bastien dans le monde, censé être clandestin, de la Résistance. Le beau René Hardy se promène désormais, à Lyon comme à Paris, flanqué de cette superbe et éclatante créature qui arbore des tenues on ne peut plus voyantes, avec talons compensés et un « extraordinaire chapeau tout en hauteur ». On voit le couple évoluer autour de la place Bellecour, dans les lieux fréquentés de tous, y compris donc des Allemands. Sur le passage de Lydie Bastien, tous les hommes se retournent. René Hardy impose sa fiancée partout, y compris dans les réunions et rencontres secrètes. Cette nouvelle situation fait grincer les dents de beaucoup. Jacques Baumel écrit[1] :

« Je me méfiais également, et je n'étais pas le seul dans ce cas, de la tournure que prenait sa liaison avec Lydie Bastien. Très vite, la passade s'était transformée en autre chose de plus profond. Hardy était devenu littéralement fou d'elle, la voyant sans arrêt, lui adressant des poèmes, sortant avec elle dans les endroits les plus exposés, sans prendre de précautions. Il allait même

1. *Ibid.*

jusqu'à l'amener avec lui à ses rendez-vous secrets, finissant par nous imposer la présence de cette toute jeune femme, complètement inconsciente, grisée par ce qu'elle croyait découvrir, et pour qui la clandestinité n'était que du roman vécu. »

Le chef des MUR ne connaissait pas les ressorts secrets de cette créature « libérée du joug du Bien et du Mal ». La belle écervelée sait parfaitement ce qu'elle fait, et donne on ne peut mieux le change à Baumel. Jean Gemähling, chef du SR des MUR, s'inquiétait lui aussi[1] :

« Je me suis toujours méfié de Lydie. On ne pouvait voir Hardy sans elle. Ça me paraissait dangereux et même suspect. »

Ces réticences des uns et des autres sont balayées par le charme que Lydie exerce sur certains hommes. Bénouville est de ceux-là. « Peut-être parce qu'il était tombé lui aussi sous le charme, [il] avait commencé à lui confier quelques petites missions. J'étais très réservé sur cette initiative », témoigne encore Jacques Baumel.

Lydie Bastien a raconté elle-même une de ses premières missions[2] :

« J'ai été désignée pour me rendre à Paris pour y rencontrer Jean Castellane [il s'agit de Jehan de Castellane], ami de Duroc [un *alias* de Bénouville], et lui dire que Frenay et Duroc avaient résolu de soutenir Laval au lieu de le "contrer" dans les milieux collaborationnistes,

---

1. Entretien téléphonique avec l'auteur, 19 avril 1999.
2. Dans son interrogatoire par la Sécurité militaire à Alger, 3 juillet 1944.

ceci pour avoir une activité plus élastique. J'ai vu Castellane et lui ai transmis les ordres. Ensuite, ce dernier m'a remis d'importants papiers concernant les arrestations effectuées par la Gestapo et la Milice de Darnand. Puis je suis rentrée à Lyon. »

Cette mission est tout bonnement ahurissante ! Elle montre les jeux dangereux auxquels se livrait Bénouville en tentant de monter les clans vichystes les uns contre les autres et en dévoilant du même coup ses propres affinités idéologiques. Elle révèle également l'extraordinaire légèreté qui le conduisit à confier une telle mission à une jeune fille qui n'avait pas encore vingt et un ans !

Bénouville envoie donc Lydie rencontrer son vieil ami Jehan de Castellane, ancien de l'Action française et de la « 17e équipe », comme lui, mais aussi ancien cagoulard, mêlé aux combats les plus douteux de l'avant-guerre[1]. Tout naturellement, Castellane avait rejoint en 1941 le Mouvement social-révolutionnaire (MSR) fondé par divers anciens cagoulards, notamment Eugène Deloncle, Jean Filliol, Gabriel Jeantet, Jacques Corrèze. Le MSR reprenait « le vieux programme traditionnel de néonationalisme xénophobe, d'antisémitisme systématique, de conservatisme intellectuel, social et économique, de lutte antirépublicaine et antimarxiste », ainsi que l'énonçait après la guerre un rapport de la PJ. Son caractère antisémite et antidémocratique apparaissait dans le fait que ses adhérents devaient justifier de leur ascendance « française », sous peine formelle d'exclusion, et s'engager à n'appartenir à aucune société secrète. Le programme du

_____

1. Pour un portrait plus complet, voir *Vies et morts de Jean Moulin*, *op. cit.*

MSR était exactement celui que Deloncle avait développé en 1936. En lançant la Révolution nationale, le maréchal Pétain n'avait fait que reprendre les thèses de la Cagoule, et il appartenait au MSR de créer le climat nécessaire à cette révolution.

A la tête comme à la base, les anciens cagoulards quadrillaient ce mouvement. Comme au temps de la Cagoule, Deloncle avait organisé des groupes armés. Le MSR devint ainsi un des fers de lance de la Collaboration active. De révolution de palais en révolution de palais, après l'internement d'un Filliol qui avait, fin 1942, pris brutalement la place d'Eugène Deloncle, Jehan de Castellane s'était retrouvé avec Georges Soulès, autre ami de Bénouville, à la tête du MSR. Le premier dirigeait le service de renseignement du mouvement. L'hypothèque Filliol levée – celui-ci était décidément trop sulfureux, même pour Vichy –, Pierre Laval, chef du gouvernement, et le docteur Ménétrel, médecin et conseiller privé du Maréchal, subventionnèrent grassement le MSR : 150 000 francs par mois pour le premier, 100 000 francs pour le second[1]. Une relation quasi institutionnelle s'était ainsi nouée entre le « nouveau » MSR et Vichy. Soulès allait régulièrement dans la station thermale faire des comptes rendus dans lesquels, affirma-t-il plus tard, il ne cachait rien de ses relations avec la Résistance[2]. De son côté, Jehan de Castellane était très lié à la générale Pallud, elle-même fort proche de Pierre Laval et de René Bousquet, le tout-puissant patron de la police vichyssoise.

---

1. In *Sol invictus*, Raymond Abellio, pseudonyme de Georges Soulès, éd. Ramsay, Paris, 1980.
2. *Ibid.*

Inutile d'insister sur le côté plutôt « glauque » de ces relations. On peut imaginer la stupeur qui dut être celle des gens de Vichy quand ils surent que les grands résistants de la zone sud leur envoyaient comme ambassadrice une vamp aux yeux de braise et aux tenues aussi extravagantes...

Lydie revient de Paris avec des documents sur les arrestations opérées par la Milice et la Gestapo. Elle fait divers aller-retour entre Lyon et Paris et devient « Béatrice ». Les documents transmis à Béatrice proviennent du propre travail de renseignement du SR du MSR et de Raymond Richard, une vieille connaissance de Jehan de Castellane. Lui aussi est à la tête d'un service de renseignement qui travaille pour Vichy, plus précisément pour le docteur Ménétrel. Il est très proche de l'abominable Darnand, patron de la Milice.

Il est nécessaire de s'arrêter quelque peu sur ce sinistre personnage que j'ai débusqué dans *Vies et morts de Jean Moulin* et qui joua un rôle aussi néfaste qu'insoupçonné dans cette histoire. Né dans le Nord en 1903, Raymond Richard a été Camelot du roi, il est entré à la Ligue d'Action française dont il devient le secrétaire pour la région parisienne, puis le directeur du SR. Au cours d'une manifestation de ce mouvement, il a rencontré, en août 1933, un étudiant qui se faisait appeler « Pierre Wagner », mais qui n'était autre, en réalité, que le comte Alexander von Kreutz, lequel jouera quelques années plus tard un rôle clé dans l'épilogue de notre récit. Devenu cagoulard, on lui confie une mission : détecter les fonctionnaires nationalistes. Il créé à cette fin *Le Fonctionnaire de France*, qui lui permet de constituer un fichier destiné à l'embrigadement des agents de la fonction publique[1].

Après l'arrestation des chefs de la Cagoule, il adhère à « Ordre national et Prestige », entre dans un autre SR nationaliste. A l'automne de 1940, il est président de la délégation spéciale de Margency, petite ville située près de Montmorency. Il est alors contacté par le commissaire Pelletier qui lui demande, de la part du docteur Ménétrel, des renseignements sur les groupements colloborationnistes et leurs leaders, sur les anciens cagoulards, ainsi que sur les communistes dont on ne connaît pas alors les intentions. Il entre un peu plus tard au Service de police anticommuniste (SPAC) créé par le ministre de l'Intérieur, Pierre Pucheu. Il en est chassé et monte finalement, au début du printemps 1943, un service de renseignement appelé « l'Équipe », puis « l'Équipe Médéric », dont les principales cibles sont les résistants communistes ou proches d'eux. Cette organisation clandestine est chargée d'opérer une sélection entre « bons » et « mauvais » résistants.

Parallèlement à cette trajectoire « nationale », Richard a noué des relations avec les Allemands dès le début de l'été 1940. Il a revu Alexander von Kreutz qu'il avait rencontré sept ans plus tôt à Paris, et s'est mis immédiatement à son service.

Alexander von Kreutz[2], né à Saint-Pétersbourg en 1907, s'était installé en France en 1918, avait passé son bac au lycée Janson-de-Sailly, était parti ensuite

---

1. Interview de Jacques de Place, 4 mars 1998.
2. Pour une biographie plus complète d'Alexander von Kreutz, voir *Vies et morts de Jean Moulin*, *op. cit.*

compléter ses études en Allemagne et avait pris la nationalité allemande en 1930. Grâce à ses importantes relations, il était entré au début de la guerre à l'Abwehr, le service de contre-espionnage militaire de l'Allemagne dirigé par l'amiral Canaris. Il travaillait alors dans le même bureau que le neveu de l'amiral.

En juillet 1940, à son arrivée à Paris, il avait d'abord été affecté à l'Abwehr III C, puis était passé à l'Abwehr III F sous les ordres d'Oscar Reile. Il se spécialisa alors dans la pénétration des milieux nationalistes et dans la chasse aux communistes. Sa première recrue de taille fut Raymond Richard, qui lui permit d'avoir des « antennes » dans les milieux cagoulards, particulièrement au MSR grâce à Jehan de Castellane, chef du SR de ce mouvement. Alexander recruta également Albert Beugras, chef du SR du PPF de Doriot. Grâce à Raymond Richard, von Kreutz put causer de terribles ravages dans les rangs de la Résistance.

Richard, qui est l'agent de l'Abwehr E.7.122[1], sait que Jehan de Castellane est un ami de Bénouville, dont il connaît l'ascension et les responsabilités présentes dans la Résistance. Il demande à Castellane de le mettre en relation avec lui et le mouvement Combat, et, pour donner du poids à sa demande, il fournit quelques documents. Richard prétend ainsi vouloir se mettre au service de la Résistance. Castellane en parle d'abord à Béatrice, qui appuie fortement cette demande[2]. La jeune femme est

---

1. Toute l'histoire des relations entre Raymond Richard, Jehan de Castellane et Lydie Bastien est puisée dans le dossier d'instruction de la cour de justice de la Seine, CARAN, Z6/530 et 531 (dossier 4760).
2. Témoignage de Poncin, *ibid.*

enthousiaste, car elle voit probablement là une possibilité de jouer un rôle à sa mesure.

Promenée par ses nouveaux amis qui comptent tant de relations dans les cercles du pouvoir, Lydie Bastien fréquente ainsi le Tout-Paris de la Collaboration. La connaissant, on imagine à quel point elle peut être fascinée par son nouveau statut. Elle se sent puissante. Mais ce ne sont plus seulement quelques hommes qu'elle a à ses pieds. Sans aucune expérience du renseignement, elle se trouve brutalement immergée dans un monde trouble et complexe. Richard est à la fois agent de Vichy et agent de l'Abwehr ; il travaille aussi pour la Gestapo et voici qu'il feint d'offrir ses services à la Résistance ! Castellane n'est guère plus « clair ». Derrière le rideau veille Alexander von Kreutz, que Lydie rencontre peut-être... Celui-ci est évidemment intéressé au plus haut point par le plan de pénétration de la Résistance que vient de mettre en œuvre son agent, le « gros Richard ».

Lydie revient à Lyon et transmet à René Hardy – en l'appuyant avec fougue – la proposition de Raymond Richard. René Hardy trouve « l'idée excellente »[1].

Quelque temps plus tard, Hardy monte à Paris pour rencontrer Richard. « Je n'assistai pas à l'entretien [...], par prudence. Mais, peu après, je revis Richard qui se déclara très heureux et satisfait de ce contact », précise Jehan de Castellane.

---

1. C'est le témoignage de Jehan de Castellane devant la DST, le 9 février 1945, qui permet de décrire la mise en relation de Raymond Richard avec Lydie Bastien, puis René Hardy.

Richard a dû faire à René Hardy le numéro dont il gratifiait tous ceux qu'il recrutait. Retenons à ce propos le témoignage de Simone Vernhes, un de ses agents[1]. Richard se présenta à elle comme un résistant anticommuniste :

> « Il m'expliqua avoir aidé de nombreux résistants et avoir rendu service à beaucoup qui étaient en mauvaise posture avec les Allemands. Par contre, il me fit part d'une défiance très nette à l'égard d'une certaine portion de la Résistance. Il était convaincu que les agents communistes, plus rusés et plus camouflés que les membres de l'AS, par exemple, noyautaient toute la Résistance et qu'ils cherchaient à tourner à leur profit exclusif le bénéfice de l'élan patriotique représenté par la Résistance. »

L'animosité que Hardy nourrissait envers le général Delestraint et Jean Moulin le prédisposait à entendre favorablement ce genre de discours.

L'ombre de Bénouville planait sur cette rencontre. Richard en fut si satisfait qu'il proposa à Castellane de le dédommager financièrement. Il est donc plus que probable que René Hardy ait proposé à son tour à Richard de le rémunérer pour son futur travail de renseignement en faveur de Combat et des MUR.

Un jeu très compliqué commence alors. Dans un premier temps, chacun essaie de « donner » le moins possible et de prendre davantage. Pour appâter Hardy, Richard offre des renseignements d'ordre militaire et

---

1. Déclaration devant la DST, 29 décembre 1944.

politique... Hardy sait parfaitement que Richard travaille pour Vichy[1], mais il se sent capable de mener en sa faveur un double jeu au demeurant facilité par l'anticommunisme qui les lie.

Lydie Bastien est devenue le truchement obligé des relations triangulaires entre le MSR, Raymond Richard, agent de Vichy et de l'Abwehr, et Combat. Elle vient souvent à Paris. Pour Jehan de Castellane, elle est « Béatrice ». Elle est également « Béatrice » pour Raymond Richard, mais qui adjoint à cet *alias* des mots de passe : « Mme Pelletier » et « Europe ». Elle occupe une place si importante dans le système de Raymond Richard que quiconque souhaite obtenir un contact avec cet important homme du renseignement peut se présenter directement à la porte de son bureau de la part de « Béatrice-Europe », et sera alors reçu immédiatement[2]. Ce choix de « Mme Pelletier » comme *alias* n'est pas innocent : il témoigne du très grand intérêt que Raymond Richard porte à Lydie Bastien, car c'est le nom de l'homme – le commissaire Pelletier – qui assure la liaison entre son propre service et le docteur Ménétrel...

Avant même de connaître les confidences de Lydie Bastien à Victor Conté, j'avais conclu que la fiancée de René Hardy était devenue un agent de Raymond Richard, compte tenu de l'importance que ce dernier lui attachait. Le « testament » de Lydie Bastien n'a donc fait que me conforter dans cette conviction. A un moment donné, elle

---

1. Voir, en effet, son entretien avec la Sécurité militaire à Madrid, le 31 mai 1944.
2. Note de la DSM du 31 mai 1944, déjà citée.

est passée de la condition d'agent double manipulé prioritairement par René Hardy à celle d'agent double au service de Raymond Richard, c'est-à-dire de l'Abwehr.

Ces liens pervers se sont noués dans un univers grisâtre parcouru par un écheveau de rapports complexes. Ainsi ceux existant entre Pierre Laval, le cabinet du Maréchal et Pierre de Bénouville :

> « Alors que le fossé semblait se creuser de plus en plus entre les vichyssois et les gaullistes, de bons esprits commençaient un peu partout à penser qu'avant de se chercher des alliés à Londres ou à Berlin, il ne serait pas inutile de prêcher aussi la "collaboration franco-française", c'est-à-dire de rapprocher les militants disposés à reconnaître que la division des jeux entre Vichy et Londres avait été conforme à la nature des choses et à préparer ainsi, quelle que fût l'issue de la guerre, les conditions d'une réunification paisible[1]. »

Cette « réconciliation » supposait évidemment qu'en fussent exclus les communistes et ceux qui étaient considérés comme manipulés par eux.

Quoi qu'il en soit, Richard est désormais installé au cœur de Combat, et, à travers lui, le comte Alexander von Kreutz, de l'Abwehr (hôtel Lutétia). Richard dispose d'un sous-agent, Béatrice, qui est en liaison étroite avec René Hardy, son fiancé, lequel, de son côté, se croit suffisamment fort pour jouer, dans ce dispositif, un jeu d'agent double au bénéfice de Combat.

---

1. *In* Raymond Abellio, *Sol invictus*, *op. cit.*

Selon Oscar Reile[1], Béatrice a été « prêtée » à un moment non précisé au SD de Lyon pour que le service allemand engagé dans la répression de la Résistance dispose d'un atout supplémentaire. Parallèlement ou conséquemment, il est avéré que Béatrice a été la maîtresse de Harry Stengritt. J'ignore comment ces deux faits – recrutement à l'Abwehr, liaison avec Stengritt – se sont articulés. « Béatrice »-Lydie a-t-elle été mise en rapport avec Stengritt à la demande de Kreutz, avant de devenir sa maîtresse ? A quel moment le subordonné de Barbie est-il entré dans le jeu ?

Déjà connu du lecteur, le beau Harry, l'Allemand au profil d'acteur de cinéma, croise donc le destin de notre héroïne de roman noir[2]. Il a alors trente et un ans ; elle en a vingt. Stengritt a perdu sa mère à la naissance. Il a d'abord fait des études de dessinateur dans le textile et la confection, a travaillé dans une société qui a rapidement fait faillite. Il est entré dans une banque, puis, en 1936, a fait de la réclame cinématographique à Berlin. Il est devenu soldat, comme tous les Allemands, en 1939. Au mois d'août 1942, il a été requis pour l'école de la *Geheim Feld Polizei* (GFP) et, au bout de deux mois, a rejoint un groupe de la GFP à Maisons-Laffitte avec le grade de sous-officier. Il y a mené quelques enquêtes sur des sabotages, puis le groupe a été dissous. Affecté fin novembre 1942 au SD à Alençon sous les ordres d'Alfred Lutjens, il n'y a presque rien à faire. Vers la mi-janvier

---

1. Voir chapitre XV, « Lydie Bastien travaillait pour nous ».
2. La veuve de Stengritt, au courant du simulacre de l'évasion de René Hardy, n'a jamais entendu son mari parler de cette relation. Ce qui, après tout, n'a rien d'extraordinaire.

1943, le SD d'Alençon est à son tour dissous et ses membres répartis dans différents services. Lutjens et lui sont alors mutés au SD de Lyon. Quand il y débarque, Stengritt n'a rien d'une « grande pointure » du renseignement.

Il est affecté à la section VI du SD, celle qui, chargée du renseignement, « gère » les agents français, les immatricule, tient à jour leurs fiches signalétiques et les affecte aux diverses sections. A la section VI est rattaché le Bureau français de renseignement duquel dépend notamment le SR du PPF, camouflé en « Société des métaux non ferreux ». C'est à la demande de Kreutz que Beugras, patron du SR du PPF, a monté cette société à Lyon. Il n'est donc pas impossible que ce soit la raison pour laquelle l'Abwehr a été incitée à orienter Lydie Bastien sur la section VI qui, tout en dépendant du SD, garde un lien avec l'hôtel Lutétia...

Lydie Bastien a donc deux amants, René Hardy et Harry Stengritt. Par le premier, elle connaît – ou peut connaître – tout ce qui se passe à la direction de l'Armée secrète, à Résistance-Fer, à la tête du mouvement Combat et au comité directeur des MUR. Comme Hardy lui fait partager tous ses secrets, elle connaît l'existence de « Max », celle du général Delestraint, l'ampleur des problèmes qui les opposent tous deux à Frenay et à son entourage, Hardy compris. Elle a aussi accès aux rapports faits par René Hardy, ainsi qu'à ses boîtes aux lettres.

Le 27 mai, le général Delestraint charge Henri Aubry, son chef de cabinet, de prévenir Hardy d'être à un rendez-vous avec lui à Paris. Aubry dicte ce message non codé :

« A Didot [nom de code de René Hardy] : Vidal [le général Delestraint] te donne rendez-vous à Paris, le mercredi 9 juin à 9 heures, à la sortie du métro de La Muette. »

Le message est porté à la boîte aux lettres de Résistance-Fer. Une boîte « brûlée », puisque l'appartement où elle est installée est devenu une souricière.

Lydie Bastien prend connaissance du billet déposé par la secrétaire d'Aubry. L'agent de l'Abwehr Kramer affirmera que c'est son agent « K 30 » (Moog) qui lui apportera l'information. De son côté, Lydie Bastien revendiquera devant Victor Conté la responsabilité de l'arrestation du patron de l'AS : c'est elle qui aurait pris le billet dans la boîte aux lettres de Hardy, puis qui aurait transmis le renseignement à Stengritt. Les deux versions ne sont pas contradictoires, mais ne permettent pas de reconstituer avec précision le cheminement de l'information qui aboutit à Kramer.

Lydie Bastien se garde bien de dire à René Hardy qu'il est attendu, le 9 juin au matin, par le général Delestraint. Le lui dire reviendrait à ses yeux à l'expédier vers une arrestation assurée à Paris, et par des gens sur lesquels elle n'a aucune prise. Mais elle n'ignore pas que René Hardy doit se rendre à Paris pour une autre mission. Il est par ailleurs probable qu'elle-même soit alors l'objet de pressions de la part de Richard, son nouvel employeur, lui-même aiguillonné par le sien, le comte Alexander von Kreutz, pour que le sous-agent Béatrice fournisse des gages plus sérieux que les renseignements que lui communique René Hardy.

La « note d'Antoinette[1] », fondée sur des confidences directes ou indirectes du colonel Groussard, permet d'émettre une hypothèse crédible sur la façon dont René Hardy s'est retrouvé piégé :

Kreutz, de l'hôtel Lutétia, considère René Hardy comme un agent double sous contrôle allemand, *via* Richard et Béatrice. En contrepartie des informations sur le commandement français qu'il est obligé de fournir pour entretenir le flot de renseignements d'origine allemande, il est protégé par l'Abwehr. Mais, comme le souligne la note, à un moment donné, « les Allemands ne sont pas satisfaits de la manière dont Hardy mène double jeu ». *Via* Richard et Béatrice, Kreutz décide de lui accorder alors une « dernière chance ». Mais cela se déroule à l'insu de René Hardy, sa fiancée ne lui ayant jusque-là rien dit de ses engagements envers l'agent de l'Abwehr. C'est elle qui se retrouve alors astreinte à une obligation de résultats, faute de quoi...

« Cette *dernière chance* fut le montage de l'affaire de Caluire », dit laconiquement la note.

On n'en est pas encore là, car la réunion de Caluire n'est pas encore programmée, mais Lydie Bastien enclenche ici une mécanique qui va obliger René Hardy à trahir.

Le lecteur se souvient que Lydie Bastien a fait l'impossible pour obtenir pour son fiancé un compartiment des Wagons-Lits, le soir du 7 mai, à bord du train reliant Lyon à Paris. Elle s'assure elle-même que Hardy monte bien dans le train. Son fiancé est d'ailleurs déçu qu'elle ne le prenne pas avec lui, comme elle le lui avait promis.

---

1. Voir *supra*, chapitre XV.

Pour le tranquilliser, elle lui assure qu'elle le rejoindra vingt-quatre heures plus tard.

Le piège va alors se refermer sur Hardy. Elle prévient Harry Stengritt que ce dernier roule bien vers la capitale...

Son arrestation par les Allemands[1] et son acheminement jusqu'à Klaus Barbie sont bien connus, comme l'est le chantage exercé sur Hardy tel que celui-ci l'a raconté aux différents policiers et juges qui l'ont interrogé. Reprenons néanmoins la dernière version de René Hardy, formulée quelques mois avant sa mort dans *Derniers Mots*[2]. Il y explique une nouvelle fois que Barbie s'est livré avec lui à un « chantage aux otages » :

> « J'ai joué au plus con, sans trop le laisser paraître : ce n'était pas facile... Je promis de rendre service dans la mesure du possible, bien que ne faisant pas de politique militante. J'offre alors qu'on me libère : j'essaierai de renouer avec des relations que je sais être dans la Résistance. Devant cette proposition, les Allemands déclarent prendre acte de ma promesse. Cependant, ils se méfient encore. Voulant m'intimider, ils me disent que je semble beaucoup aimer ma fiancée. Aussi, s'ils apprennent que j'appartiens à la Résistance, comme ils l'ont d'abord pensé, ou bien si je disparais, arrêteront-ils les Bastien et Lydie en guise d'otages : mon attitude sera le gage de leur liberté. Ils veulent que les Bastien puissent être en mesure de les renseigner à tout moment sur mes déplacements... Sinon, ils les arrêteront tous. Je fais toute promesse à ce sujet. »

---

1. Y compris le rôle de Multon-« Lunel », un ancien de Combat.
2. *Op. cit.*

Hardy reconnaît qu'il a passé un *deal* avec Barbie pour épargner sa fiancée et les parents de celle-ci. Il est évident qu'il a accepté de conclure avec lui un accord dont Lydie Bastien était l'enjeu, mais, même avant sa mort, Hardy n'a pas voulu révéler tout ce qu'il savait et disait à quelques-uns de ses proches, comme l'écrivain Serge Groussard, le fils du colonel.

Serge Groussard, qui a les mêmes opinions que son père sur René Hardy, se retrouve face à lui, un jour de 1971, alors qu'il dédicace son dernier livre, *Taxi de nuit*, paru aux éditions de La Table ronde. Pour Hardy, c'est une ancienne connaissance qu'il n'a pas rencontrée depuis la fin 1942. Il s'avance donc vers lui, main tendue. Mais Groussard la lui refuse brutalement et se met en position de combat. Antoine Blondin, Catherine Devilliers et un autre écrivain présent s'interposent. Hardy, protégé de la fureur de Groussard, lance alors au fils du colonel :

– Tu as eu de la chance de ne pas tomber sur une Lydie Bastien ! C'était une divinité infernale...

Après cet incident, les deux hommes se revoient. Groussard se souvient[1] qu'au cours d'un déjeuner, peu de temps après, Hardy lui a confié que Lydie Bastien avait bel et bien été un agent allemand.

Groussard a continué de voir Hardy jusqu'à sa mort. Il lui a rendu visite à Melle. Hardy lui répétait que tout ce qui lui était arrivé « était la faute de Lydie ; c'était Lydie.... »

---

1. Entretien téléphonique avec l'auteur, 22 avril 1999.

– Et pourquoi ne l'écris-tu pas ? protestait régulièrement Groussard.

Hardy ne répondait pas, se contentant d'esquisser un geste d'impuissance.

Revenons dans le bureau de Klaus Barbie au mois de juin 1943. Toute la discussion entre Hardy et l'Allemand tourne autour de Lydie Bastien. Frenay a écrit :

> « Si Lydie, à l'insu de René, était déjà au service de la Gestapo, tout pourrait s'expliquer : Hardy est arrêté, les Allemands lui révèlent que sa maîtresse est un de leurs agents ; s'il n'accepte pas, lui aussi, de travailler pour eux, ils dévoileront à la Résistance le rôle qu'elle joue chez eux. »

C'est probablement quelque chose de ce genre qui s'est passé. Hardy a appris que sa fiancée, celle dont il était devenu amoureux fou, était un agent des Allemands...

Selon la version de Lydie Bastien rapportée par Victor Conté, Barbie l'aurait fait venir à Lyon. Elle se serait alors retrouvée face à René Hardy : « Je lui ai dit qu'il n'avait pas le choix. Il devait collaborer avec Barbie... »

On l'a vu, dans son « testament » rapporté par Victor Conté, Lydie Bastien a également prétendu avoir prévenu Bénouville de l'arrestation de son ami et que celui-ci lui aurait donné son « feu vert ». Aucun élément concret ne venant confirmer cet aspect du témoignage posthume de Lydie Bastien, je ne l'intègre pas à l'enchaînement des faits qui conduisent au drame de Caluire.

241

René Hardy échange sa libération contre sa collaboration. Klaus Barbie le maintient toutefois sous un étroit contrôle. Il désigne Stengritt pour jouer auprès de lui les « anges gardiens » de Hardy[1].

La collaboration de René Hardy n'implique toujours pas qu'il « donne » la réunion de Caluire, puisque celle-ci n'est pas encore prévue. Le 11 juin au matin, Hardy rencontre Bénouville ; il lui apprend l'arrestation du général Delestraint et la sienne[2]. Les deux hommes concluent alors, selon Hardy[3], un « pacte de silence » qui, toujours selon ce dernier, a « pour objet de découvrir comment ils [les deux faits] avaient pu se produire ».

Dès qu'il a connaissance de l'arrestation du patron de l'Armée secrète, Jean Moulin décide d'organiser à Lyon une réunion destinée à trouver un remplaçant au général Delestraint. Cette affaire intervient, rappelons-le, à un moment crucial des relations entre le représentant du général de Gaulle et Frenay. Le chef de Combat est parti pour Londres réclamer la mise à l'écart de Moulin et, en son absence, c'est Bénouville qui est responsable des questions militaires. Quand ce dernier apprend, le 19 juin, la tenue de cette réunion, il est convaincu que se prépare « un hold-up de Moulin pour mettre la main sur l'Armée

---

1. Selon Barbie.
2. A moins que Bénouville n'ait déjà été mis au courant par Lydie Bastien, comme celle-ci l'a affirmé à Victor Conté, sans qu'aucun élément concret ne permette de le confirmer, et à l'opposé de tout ce qu'a pu dire et écrire Bénouville lui-même.
3. Lettre à Claude Durand, président de Fayard et éditeur de *Derniers Mots*, du 1er mai 1984.

secrète[1] ». Un seul membre du clan Frenay est en effet convoqué à cette réunion : Henri Aubry, chef de cabinet du patron de l'AS. Estimant que ce dernier ne va pas faire le poids face à Moulin et ses hommes, Bénouville et Baumel décident de lui adjoindre René Hardy.

Le clan Hardy – Lydie Bastien, le sous-lieutenant Bossé, la secrétaire Marcelle Will et les époux Damas[2] – est immédiatement mis au courant de la tenue de cette réunion prévue pour le lundi suivant, 21 juin, mais il en ignore le lieu. Barbie est à son tour mis au courant par Hardy et très probablement par Lydie Bastien, *via* Stengritt. Il entame alors les préparatifs d'un vaste coup de filet contre l'état-major de la Résistance. Pour plus de sécurité, il demande à Hardy de lui désigner Henri Aubry.

Barbie assiste ainsi au rendez-vous qu'a pris Hardy avec ce dernier, en fin de matinée du dimanche 20 juin, sur le pont Morand. De la sorte, les filatures ne se concentreront pas sur le seul Hardy et seront donc à la fois moins voyantes et plus efficaces. L'amant allemand de Lydie Bastien est lui aussi mobilisé. Il est là, le dimanche 20 juin, quand Hardy et Aubry se rencontrent – de même que Lydie Bastien, arborant son incroyable chapeau[3].

Le matin du 21, Lydie est angoissée. Elle l'est d'ailleurs depuis plusieurs jours. Elle préfère ne pas se trouver à Lyon le jour de l'opération de Caluire. Elle a peur que cela tourne mal. Elle s'apprête à quitter René,

---

1. Confidence de Bénouville à l'auteur, reproduite dans *Vies et morts de Jean Moulin, op. cit.*
2. Interrogatoire de Lydie Bastien par la DSM à Alger, le 3 juillet 1944.
3. Selon ses propres dires.

qui est encore au lit. Une sourde appréhension lui fait mesurer soudain l'ampleur du danger et entrevoir toutes ses conséquences[1]. Le scénario à l'élaboration duquel elle a participé ne prévoyait probablement pas que son « fiancé » participerait lui-même à la réunion de Caluire. Or non seulement il « donne » cette réunion, mais il va s'y rendre en personne. C'est incontestablement risqué, même si la mise en scène élaborée par Barbie et Stengritt est construite avec soin.

On connaît la suite par les premières déclarations de Barbie, Stengritt et Edmée Delettraz qui s'emboîtent les unes dans les autres. Toute l'organisation du coup de filet est mise au point en fin de matinée du 21 juin dans les locaux de la Gestapo. Chacun des participants devra veiller sur « son » résistant. Stengritt s'occupera de René Hardy ; il l'entravera avec un simple « cabriolet » dont celui-ci pourra se libérer sans difficulté.

Jean Moulin tombe entre les mains de Klaus Barbie au début de l'après-midi du 21 juin, à Caluire, chez le docteur Dugoujon. Son long calvaire commence.

René Hardy bouscule Stengritt et se met à courir. Le cantonnier Rougis, qui a entendu des coups de feu, remarque Hardy planqué dans un fossé. Celui-ci n'est pas encore blessé. Après le départ des policiers allemands qui feignent de le chercher, il dévale la montée Castellane en direction de la Saône. Il fait probablement un détour sur la gauche pour se rendre à l'hôpital de la Croix-Rousse qui est alors sous administration allemande. Là, le sous-

---

1. Lettre de Lydie Bastien, déjà citée, juste avant le premier procès Hardy.

officier sanitaire Brackmann[1] l'aide à se faire une blessure propre[2], qui ne soit pas handicapante à vie. Hardy reprend ensuite sa descente vers la Saône pour se rapprocher d'un lieu de rendez-vous où il pense trouver Bénouville, Claude Bourdet ou sa secrétaire. Il croise deux cyclistes, en avise un, demande de l'aide, et, en attendant l'arrivée d'un médecin, entre chez Mme Damas chez qui il a passé la nuit précédente en compagnie de Lydie Bastien.

Le cycliste croit bon de prévenir également un policier français. Et Hardy se retrouve ainsi à l'hôpital de l'Antiquaille sous garde policière française.

Au lendemain du drame de Caluire, il écrit à Lydie qui l'attend alors à Paris. A l'évidence, il ne s'agit pas de la lettre d'un homme traqué. Il veut qu'elle « alerte, par M. Bourris[3], M. le secrétaire d'État qui est son ami, ainsi que le ministre et le docteur Ménétrel dont vous m'avez parlé. Mais, tout de même, ne faites rien avant de m'avoir vu et que j'aie moi-même revu les autorités civiles françaises. Revoyez aussi Jacques-Pierre[4], peut-être pourra-t-il faire quelque chose pour moi ».

---

1. Il en a fait la confidence au colonel Groussard, mais a refusé de la consigner par écrit.
2. La veste Prince-de-Galles chinée marron écossais qu'il portait ce jour-là a été analysée par le docteur Charles Sannie, directeur du service judiciaire de la PP, et par Henri Moureu, directeur du Laboratoire municipal de Paris. Dans un rapport daté du 15 février 1949, ils ont conclu que le coup de feu avait été tiré d'une distance inférieure à 40 centimètres, mais pas à bout touchant.
3. Il s'agit en réalité de M. Boury, patron en France de la société américaine Markt & C°.
4. Je n'ai pas trouvé qui pouvait être « Jacques-Pierre ».

Un petit mot qui vise à mobiliser les relations de Lydie à Vichy, puisque Hardy se trouve à présent sous autorité française. Lettre de précaution, destinée à ce qu'il ne lui arrive rien de fâcheux : elle montre que Hardy sait que sa fiancée peut, sans problème, avoir accès au docteur Ménétrel et à un ministre du Maréchal. Ce truchement est très vraisemblablement Raymond Richard, patron du SR-Ménétrel...

Si les dates fournies par Lydie Bastien pour ses aller-retour entre Lyon et Paris semblent fantaisistes, on peut en revanche ajouter foi aux démarches dont elle a parlé pour la période courant entre la fin juin et le début août 1943. Démarches qui deviennent cohérentes et plausibles quand on sait qu'elle était très liée à Jehan de Castellane et à Raymond Richard. Grâce à eux, n'est-elle pas devenue familière des hautes sphères du gouvernement de Vichy et de la hiérarchie du système de répression allemand ?

Ainsi la belle Lydie, dans ses tenues aussi voyantes qu'extravagantes, se rend au bureau de Helmut Knochen, grand patron du SD et de la Gestapo. Elle le situe rue des Saussaies, alors qu'il est en fait installé 72, avenue Foch, mais peu importe. « Il n'est pas là », expliquera-t-elle tranquillement au président du tribunal, comme si une telle démarche était naturelle et à la portée de tous. Elle parle à sa secrétaire et se fait la réflexion qu'« il est trop tard pour appeler Knochen à son domicile ». Lydie possédait donc le numéro privé de Knochen et pouvait se permettre de le joindre chez lui !...

Le lecteur se souvient également du témoignage de Lydie Bastien lors du second procès Hardy. Elle y évoque son intimité avec la secrétaire de Pierre Laval, la facilité avec laquelle elle se retrouva dans le bureau du chef du gouvernement, devisant avec lui du sort de son « fiancé », puis sa rencontre avec un certain Lanz, « probablement un agent de la Gestapo »...

Pendant qu'elle fait toutes ces démarches à Paris, René Hardy est transféré, fin juin, à l'hôpital militaire allemand de la Croix-Rousse, donc sous la protection des Allemands. Il y est traité comme un coq en pâte, ainsi que l'ont affirmé plusieurs Allemands qui lui ont alors rendu visite. Barbie et Stengritt vont le voir à la fin de juillet. Hardy se trouve seul dans une chambre, vêtu d'un pantalon et d'une chemise, le bras en écharpe. Ses deux protecteurs prennent des nouvelles de sa santé, parlent de l'avenir et de la « collaboration » qu'il peut encore apporter à leur service. Barbie insiste pour qu'il se colore les cheveux. Au cours de cette même période, Lydie rencontre également Stengritt, qui reste l'« ange gardien » de son « fiancé ». « Lydie Bastien a eu des relations avec Stengritt, lequel était allé au moins deux fois chez elle », a expliqué Barbie aux agents du SDECE.

Stengritt et Barbie vont organiser à l'intention de Hardy un nouveau simulacre d'évasion pour la nuit du 2 au 3 août. Accompagné de Stengritt, Barbie vient le chercher en automobile et le fait conduire chez sa « fiancée » par Stengritt. Il lui fixe rendez-vous deux jours après. Il y sera encore accompagné de Stengritt.

Quarante-huit heures plus tard, une carte d'identité et une certaine somme d'argent sont bel et bien remises à Hardy. Lydie Bastien affirme dans son « testament » que René Hardy a en effet été grassement payé pour sa trahison. Elle ajoute qu'elle a reçu de son côté, des mains de Stengritt, un certain nombre de bijoux, probablement confisqués à des Juifs.

Après quelques jours, René Hardy se lance dans une fuite éperdue. Il se rend d'abord à Clermont-Ferrand où Lydie le rejoint, puis dans la région de Limoges. Un ami de Jean Moulin, le commissaire « Henri » (Charles Porte), qui enquête sur l'affaire de Caluire, vient le rencontrer dans une ferme. Il décrit l'état psychologique dans lequel se trouve alors Hardy :

> « A mes questions précises, il donnait des signes évidents de désarroi (tremblements nerveux très prononcés qu'il était incapable de maîtriser, hésitations et calculs avant de répondre). Je n'ai pu obtenir de cet interrogatoire de résultat positif, car je dois mentionner les circonstances spéciales dans lesquelles je me trouvais : de Limoges à la ferme où se cachait Hardy, j'ai été accompagné par une équipe d'hommes conduits par "Tébourba", tous amis dévoués de Hardy[1]. En arrivant à la ferme, je me suis trouvé entouré d'autres amis non moins dévoués à Hardy, le considérant avec admiration, comme un héros, et me considérant moi-même comme un intrus, sans doute mandaté par les chefs du CNR, mais suspect tout de même de vouloir porter atteinte à leur chef... J'ai la conviction que Hardy m'a menti tout au long de son interrogatoire... »

Le couple maudit se rend ensuite dans la région de Sarlat. Lydie Bastien fait au moins un aller et retour à Paris pour y rencontrer Jean-Guy Bernard, *alias*

---

1. Probablement Hardy s'était-il alors entouré d'éléments « sûrs » pour échapper à une liquidation sans autre forme de procès.

« Thellis », qui a été marié par Raymond Richard, délégué spécial[1] de Margency, à la demande de Bénouville[2].

Le couple remonte à Paris en janvier 1944. Il s'installe chez « tante Suzanne », avenue de La Motte-Picquet. La fille de « tante Suzanne », l'amie d'enfance de Lydie, se souvient bien des deux mois et demi que René et Lydie ont passés à Paris dans leur appartement[3] :

> « Lydie est arrivée un beau jour du début 44. Elle nous a annoncé qu'elle était fiancée avec un résistant recherché par la police, qui attendait dans le hall d'entrée et demandait si on pouvait les héberger. Sur la réponse affirmative de ma mère, elle va chercher René Hardy et les deux s'installent dans une chambre, près de la cuisine. »

« Tante Suzanne » leur fait remarquer qu'il y aura un problème alimentaire, à cause des tickets de rationnement.

> « Lydie a répondu ne pas s'en soucier. Elle a mené en effet la grande vie en achetant des produits chez Fauchon et chez Hédiard. Elle amenait ces produits de luxe sur la table commune, mais ne proposait pas à ma mère ni à moi-même de partager leurs somptueux repas... Lydie sortait avec René dans une boîte de nuit très réputée. »

---

1. Sous Vichy, les maires n'étaient plus élus, mais nommés. Le « délégué spécial » faisait fonction de magistrat municipal.
2. Cette dramatique histoire est racontée dans *Vies et morts de Jean Moulin*, *op. cit.* La photo du mariage a été « donnée » à l'Abwehr III F ; les mariés ont été arrêtés, envoyés en camp. Thellis n'en est pas revenu.
3. Berthe MacCorkell dans des confidences faites à l'auteur en avril 1999.

Témoignage qui confirme que le couple dispose de beaucoup d'argent et vit sur un grand pied.

Un jour, Mme Gascard entend des cris et des sanglots en provenance de leur chambre. Lydie sort en larmes, en proie à une vive agitation :

> « Tante Suzanne, tu ne sais pas ce que René m'a fait ? Il vient de m'avouer qu'il est déjà marié ! Il a été ignoble, il a abusé de la confiance de Papa auquel il avait expliqué qu'il ne pouvait se marier avec moi, vu les circonstances, mais en lui donnant sa parole d'officier qu'il régulariserait après la guerre... »

Le couple loge bientôt chez la comtesse de Montangon, 52, avenue Bosquet. Lydie se fait appeler alors « Reine Delver », du nom d'une de ses amies.

Dès son arrivée à Paris, Hardy a renoué avec ses anciens amis de Combat, mais le couple reçoit également Raymond Richard, l'agent de l'Abwehr E.7.122 :

> « Le lieutenant Hardy, de la Résistance d'Alger, m'avait demandé de me procurer tout renseignement, notamment d'ordres militaire et économique, sur la région de Nantes. Par l'intermédiaire de Jure et de Poncin, j'avais pris contact avec un nommé E. Fournier... Je faisais passer les renseignements au lieutenant Hardy, pour Alger, par l'intermédiaire de sa boîte aux lettres du boulevard Saint-Germain, mais, le plus souvent, par l'intermédiaire de sa femme qui se présentait à mon bureau ou me téléphonait sous le nom de Mme Peltier [*sic*]. A ce propos, je puis dire qu'il avait été convenu, au cours d'un déjeuner avec M. et Mme Hardy en mai 1944,

qu'étant donné mes bonnes relations avec les Allemands, ils me donneraient des directives pour aller en Allemagne et travailler pour eux. Je ne les ai pas revus depuis... »

C'est ce qu'a raconté Raymond Richard à l'enquêteur de la DST[1]. Richard a également affirmé qu'il avait fourni à Hardy des renseignements qu'il avait extorqués – par la torture – à des résistants de... Résistance-Fer ! Un des collaborateurs de Richard affirme avoir vu plusieurs fois « Mme Hardy » dans ses bureaux. Enfin, c'est encore l'agent de l'Abwehr Raymond Richard qui trouve des faux papiers permettant à René Hardy et à sa fiancée de partir pour Alger...

Fin mai, le couple part en effet pour l'Algérie, *via* l'Espagne et le Maroc. Hardy rencontre à cette occasion un autre traître issu du mouvement Combat, qu'il connaît et qui a joué lui aussi un rôle important dans l'affaire de Caluire : Multon, *alias* « Lunel ». Ce dernier explique qu'il a l'intention de se rendre à Alger pour y rencontrer Frenay et Chevance-Bertin, son ancien patron, qu'il a trahi. Las, il veut leur raconter la vérité ! Hardy le supplie de garder le silence sur son activité à Lyon, à cause des doutes qui pèsent aussi sur lui dans les rangs de la Résistance. Multon promet à Hardy de rester coi.

Le couple arrive à Alger et revoit Frenay, Bénouville et tous les amis. Les soupçons sont balayés. La Sécurité militaire interroge René et Lydie et conclut prudemment qu'« en raison du défaut d'éléments d'information et de témoignages de tous ordres indispensables à la manifes-

___

1. *In* CARAN, Z6/530 et 531 (dossier 4760).

tation de la vérité, il ne semble pas qu'on soit en mesure à Alger de pouvoir apprécier et se prononcer définitivement sur le cas de M. Hardy ».

Lydie Bastien renoue avec la grande vie et parle beaucoup. Frenay se sent mal à l'aise à la vue du couple. Celle qui se fait appeler « Mme Hardy » s'épanche auprès d'un certain Albertini : « Ne dites pas du mal du double jeu. J'ai moi-même pu faire sortir des gens de la Gestapo... » Les rumeurs vont bon train. Fin août 1944, après la libération de Paris, René Hardy, qui occupe un poste important auprès de Frenay, quitte Alger pour rejoindre la métropole. Il laisse une Lydie Bastien contrariée. Celle-ci écrit au général de Gaulle pour faire valoir ses titres de résistante et... obtenir un bon de réquisition pour prendre l'avion ! Elle est récompensée de son culot et reçoit un ordre de mission pour « remplir ses fonctions auprès du gouvernement ». Elle regagne la France en octobre 1944.

A nous deux, Paris ! Bel appartement, belles robes, somptueuses fourrures. Lydie ne comprend pas pourquoi René ne fait pas valoir ses fonctions pour exiger du bois de chauffage en abondance quand le temps devient rigoureux.

Mais Hardy est arrêté le 12 décembre 1944. Lydie va dès lors mettre à contribution ses talents diaboliques pour le sauver et, par là, se sauver elle-même. Ce n'est qu'après s'être éteinte qu'elle livrera son secret sur celui qui s'était damné pour elle et s'était tu, lui aussi, malgré ses « derniers mots », par-delà sa propre mort...

Postface

A L'ATTENTION DE MESDAMES ET MESSIEURS LES HISTORIENS

Le « testament » de Lydie Bastien n'est corroboré par aucune preuve écrite irréfutable qui attesterait que l'ex-fiancée de René Hardy a travaillé pour la Gestapo par le truchement de son amant Harry Stengritt, et aurait donc joué un rôle capital dans le drame de Caluire.

Des historiens pointilleux, pour qui un fait, un événement ne peut prendre place dans la longue chaîne de l'Histoire que s'il est matérialisé par une preuve écrite, voire, si possible, plusieurs, risquent de me faire grief d'avoir utilisé cette source. Si j'ai pris consciemment ce risque, c'est que je crois à la véracité de ce message *post mortem*. Pour faire partager mon intime conviction, je tiens à exposer ci-après les raisons qui m'ont conduit à y accorder crédit.

Je sais de longue expérience la fragilité des témoignages. Un seul exemple : la narration par François Mitterrand de sa rencontre avec le général de Gaulle, probablement le 5 décembre 1943, à Alger[1]. De bonne foi, le défunt président de la République m'avait fait un compte rendu qui reprenait *grosso modo* les relations qu'il en avait déjà faites à mes prédécesseurs, à savoir que l'entretien s'était fort mal passé. Je retrouvai une lettre du témoin de cette rencontre, Henri Frenay, expliquant au propre neveu du Général que la rencontre s'était au contraire bien passée, puisque le chef de la France libre avait choisi François Mitterrand, contre ledit neveu, pour diriger le mouvement des prisonniers !

Le « testament » de Lydie Bastien, transmis par Victor Conté, cumule deux fragilités : celle de la mémoire de Lydie Bastien, près de cinquante ans après les faits, et celle du récepteur de son témoignage. Un homme qui, de surcroît, a eu un grave différend avec la « déposante » après avoir reçu ses confidences.

Avant même d'avoir entamé mon enquête, j'ai pourtant estimé que je pouvais faire confiance à cette homme, Victor Conté, qui ne me semblait pas animé d'une quelconque rancune, disposait de nombreux documents pour étayer ses dires sur sa relation avec Lydie Bastien, et qui s'exprimait – impression difficile à rendre par écrit ! – avec d'incontestables accents de sincérité. Mais sincérité ne veut pas dire vérité...

Quels sont les éléments « objectifs » qui m'ont conduit à véhiculer à mon tour ce message posthume de Lydie Bastien, transmis par un homme que je crois sincère ?

Le premier et évidemment le plus déterminant est que ce « testament » prolongeait ce que j'avais trouvé au cours de ma précédente enquête. J'avais en effet déjà

---

1. Voir *Une jeunesse française*, Fayard, 1994, pp. 360 et 361.

subodoré le rôle essentiel de Lydie Bastien et affirmé que « Béatrice » avait été un agent de Raymond Richard[1], lui-même agent de l'Abwehr. Ce témoignage m'a permis d'aller plus loin dans l'interprétation de la « note d'Antoinette » et du dossier de Raymond Richard en Cour de justice. Il m'a également aidé à mieux comprendre le rôle déterminant de Harry Stengritt dans le montage de l'arrestation de Caluire, et son faux témoignage au cours du deuxième procès Hardy.

Le « testament » de Lydie Bastien confirme les soupçons de Frenay, de Gemähling, de Garnier, de Baumel, de Bourdet ainsi que de la Sécurité militaire qui, par ses questions, montra qu'elle pressentait le rôle de Lydie Bastien dans la trahison de René Hardy. Ainsi, à Alger, au début juillet 1944, le capitaine Lambert interrogea Hardy à propos de ses deux collaboratrices, Mme Will et Lydie Bastien, qui étaient aussi ses deux maîtresses. Il lui demanda :

– Pensiez-vous que, parmi celles-ci, vous n'auriez pas eu un agent double ?
– Non, je ne pense pas.

Les affirmations d'un Oscar Reile, ancien patron de l'Abwehr III F pendant la guerre, telles qu'elles furent transmises par Voltaire Ponchel et le colonel Groussard qui firent part de leurs découvertes à Jacques Bénet, ont évidemment pesé de manière déterminante dans ma décision d'ajouter foi sinon à la lettre, du moins à la substance du « testament » de Lydie Bastien. Ces découvertes

---

1. Voir *Vies et morts de Jean Moulin*, *op. cit.*, p. 353.

m'ont permis de comprendre quelle était l'origine de la « note d'Antoinette Sachs » qui m'avait tant intrigué et grâce à laquelle j'avais pu mettre au jour les rôles de Raymond Richard et du comte von Kreutz, ainsi que leur pénétration de Combat et de l'Armée secrète.

L'existence d'une photo sur laquelle Lydie Bastien figure en compagnie de deux Allemands en uniforme pendant la guerre, décrite dans des termes quasi identiques par deux personnes – Victor Conté et Daniel Dreyfus – qui ne se connaissent pas, a évidemment contribué à forger mon intime conviction.

René Hardy lui-même a fini par se convaincre que Lydie Bastien avait été un agent allemand – conviction qu'il fit partager à Serge Groussard –, et cet élément n'a fait que conforter un peu plus ma démarche.

Le « testament » de Lydie Bastien présente également l'avantage de rendre compréhensible le comportement de René Hardy qui, jusqu'à sa rencontre avec elle, avait été un résistant exemplaire. Il permet par ailleurs d'éclaircir les mensonges de Lydie Bastien, son énergie à sauver Hardy, mais aussi l'étendue et la qualité de ses relations, au siège de la Gestapo comme à Vichy.

Les témoignages de Raymond Richard[1] et de ses principaux adjoints, ainsi que ceux de Jehan de Castellane en Cour de justice, font état du rôle important de « Béatrice » dans les relations entre l'agent de l'Abwehr et Combat. La note de la DSM n° 174/200 du 31 mai 1944, de Madrid, après interrogatoire de Hardy, confirme ce rôle. En voici quelques extraits :

---

1. CARAN Z6/560 et 561 (dossier 4760).

« Richard est un commissaire de police chargé d'un SR privé du maréchal Pétain. Il est en relations suivies avec Darnand pour son travail, et il obtient de nombreux renseignements sur l'activité des services secrets allemands par l'intermédiaire de Paul Riche, directeur de *L'Appel*[1], germanophile, qui est chargé par les services allemands de recruter des agents qui sont envoyés en AFN pour leur compte.

Depuis plus d'un an et demi, Richard collaborait pour la Résistance avec Frenay par l'intermédiaire de M. Hardy, en lui communiquant tous les renseignements qu'il pouvait obtenir. Très au courant de ce qui se passait à l'EM de Stupnage [hôtel Lutétia], Richard a fourni à Hardy une documentation fort intéressante sur les mouvements de troupes allemandes [courant 1943] [...].

On peut se présenter à lui à son domicile, 35, rue Godot-de-Mauroy, 3e étage à gauche (pas de carte de visite sur la porte). On le demandera de la part de "-Béatrice", mots de passe "Mme Pelletier" et "Europe". S'il est absent, demander sa femme et la prier de bien vouloir fixer un RV de la part de "Béatrice-Europe" ; mais il ne faut pas se confier à son secrétaire, ni au personnel. »

Lydie Bastien a bien été un agent allemand, et c'est elle qui a entraîné René Hardy dans la trahison.

Jean Moulin en est mort.

---

1. *L'Appel* était un journal collaborationniste fondé en 1941 par le commandant Costantini.

Remerciements

Un livre est comme un fleuve qui se jette dans la mer : les rivières et les ruisseaux ne s'y distinguent plus, et pourtant sans eux... Avant que ce livre ne débouche dans le public, je tiens à remercier Claude Durand, mon éditeur ; mes amis Jean-Yves Lechertier et Christine Mital ; David Frydman qui n'a pas eu le temps de m'aider comme il l'aurait voulu mais qui m'a néanmoins présenté à Mᵉ Serge Klarsfeld, lequel m'a confié des lettres de René hardy, Lydie Bastien et René Lacombe ; Ladislas de Hoyos m'a prêté le dossier Stengritt ainsi que d'autres documents. Merci aussi au colonel Paillole, à Jacques Bénet et à beaucoup d'autres...

Et un merci tout spécial à Victor Conté sans qui ce livre n'aurait jamais vu le jour.

P.P.

Table

Impression réalisée sur CAMERON par
BRODARD ET TAUPIN
La Flèche

pour le compte des Éditions Fayard
en mai 1999

Imprimé en France
Dépôt légal : juin 1999
N° d'édition : 6127 – N° d'impression : 1595W
ISBN : 2-213-60402-9
35-57-0602-01/9